大方
sight

爆破边界

杜尚访谈录

△ G O R △

法兰**西**文艺访谈**录**系列

张**博** 主编

[法] 马塞尔·杜尚 / **皮埃尔·卡巴纳** 著

郑毅 译 / 张博 校

MARCEL DUCHAMP
ENTRETIENS AVEC PIERRE CABANNE

中信出版集团 | 北京

图书在版编目（CIP）数据

爆破边界：杜尚访谈录 /（法）马塞尔·杜尚，
（法）皮埃尔·卡巴纳著；郑毅译 . -- 北京：中信出版
社，2024.1
（法兰西文艺访谈录）
ISBN 978-7-5217-6053-8

I.①爆… II.①马… ②皮… ③郑… III.①杜尚（
Duohamp, Marcel 1887-1968）－访问记 IV.
①K837.125.72

中国国家版本馆 CIP 数据核字 (2023) 第 197693 号

爆破边界：杜尚访谈录
著者： ［法］马塞尔·杜尚 ［法］皮埃尔·卡巴纳
译者： 郑 毅
出版发行：中信出版集团股份有限公司
（北京市朝阳区东三环北路 27 号嘉铭中心 邮编 100020）
承印者： 河北鹏润印刷有限公司

开本：880mm×1230mm 1/32 印张：9.5
字数：192 千字 插页：16
版次：2024 年 1 月第 1 版 印次：2024 年 1 月第 1 次印刷
书号：ISBN 978-7-5217-6053-8
定价：59.00 元

总序
露天广场中的对话

　　对话，是古希腊文化的核心要素之一，从苏格拉底开始，对话便成为古希腊人逻辑思辨、去伪存真的根本手段。古希腊的整个公民社会，也都建立在对话的基础之上，对话由此成为希腊精神的活力之源。而古希腊公民畅所欲言之所，便是雅典的露天广场，人们在那里讨论政治、经济、文化、宗教等各类话题。人人各抒己见、据理力争，并最终达成共识、形成决议。露天广场是城邦社会政治秩序的最佳体现，并由此成为公共空间的经典象征。这一传统也被古罗马人继承了下来，如今罗马城中宽阔静谧的广场遗迹，依然能令人怀想起昔年人声鼎沸时的激昂活力。在古希腊语中，露天广场被称作"ἀγορά"（转写作 agorá）。在法语、英语、西班牙语、意大利语等诸多欧洲语言中，"agora"一词得到了普遍沿用。至于在拉丁语中，这种集会广场则被命名为"forum"，这个词发展到今天，常常用来表示"论坛、研讨会、座谈会"，其中依然可以看到对话精神的遗存。

今天，之所以用"agora"作为总题编订一套全新的丛书，立意便在于，以露天广场为象征，构建一个畅所欲言的交流空间，让不同的声音都能在此拥有一席之地，以古希腊式的对话精神开启一场自由的精神历险。在丛书的第一辑中，我选择了六本对话录，它们分别是：

《即兴记忆：克洛岱尔访谈录》

《闲谈，沉睡的访谈：马蒂斯访谈录》

《我的真相：柯莱特访谈录》

《爆破边界：杜尚访谈录》

《不屈的历险：布勒东访谈录》

《孤独与团结：加缪访谈录》

六本访谈录，六位受访对象。无一不是法国现代文艺界的扛鼎人物。具体而言，克洛岱尔身兼作家与外交官的双重身份，晚清时曾在中国工作过十五年，诗歌及戏剧创作也在法国名噪一时；马蒂斯作为野兽派的代表，为绘画的色彩、构图、线条使用带来了巨大的突破，再一次激发了绘画的生命力；柯莱特，波伏娃之前法国文坛最有分量的女作家，她我行我素的生活与独树一帜的创作早已成为独立女性的最佳表征；杜尚，艺术史中最惊人的颠覆者，用独属于他的方式突破视网膜霸权，打开了全新的艺术空间；布勒东，超现实主义的"教皇"，一手引领着这个20世纪上半叶最具活力的文艺思潮；加缪，荒诞世界中的反抗者，在严寒中寻找一条通向阳光与生命的道路。每一本访谈背后，都跃动着独一无二的鲜活人生，以对话体的方式直抒胸臆地呈现着他们的所思所感，体现着各自鲜明的性格特征。

与此同时，各本访谈之间同样可以形成隐秘的对话。杜尚承认，他之所以在年轻时走上艺术道路，观看马蒂斯的画作起到了至关重要的作用。谈起自己在朱利安学院求学的往事时，杜尚说自己总是"去打台球而不是去画室"，但并没有交代其中的因由，令读者感觉此人颇为疏狂散漫。而马蒂斯在访谈中恰好详细回忆了他在朱利安学院的求学经历，他毫不留情地指出："在朱利安学院，我面前都是一些表现裸体男性或女性的绘画，手法完美，却空洞无物，完完全全、彻彻底底的空洞无物——只有一套程序而已。我觉得自己没有任何理由去画这些东西。为了做出这些东西，我看不出自己能够跨出第一步。"马蒂斯的论述，为我们填补了杜尚没有说出的内容，让我们理解了他去打台球的真实原因。杜尚在访谈中数十次提及好友布勒东，甚至颇为傲娇地说道："我不明白布勒东为什么不联系我……只要他能够努力迈出一步，我就会立刻回应。"令人忍俊不禁。而在布勒东的访谈中，杜尚也是被他频繁引述的艺术家之典范。这些对话见证了一段友谊。谈到与自己发生龃龉的加缪时，布勒东会说："尽管我们近来有所争执，但我还是得说，回过头来看，阿尔贝·加缪当时在《战斗报》上发表的那些文章是多么振聋发聩、直击人心。"而在加缪看来："我恐怕我们这些作家之间的争吵并没有那么重要……当一个具体时机来临之际，他们将再一次被迫集合。那么他们之间的差异还有什么大不了呢？我们并不要求他们相爱——他们常常并不可爱。我们要求他们坚持下去。而且，正是利用各种差异，人类才创造出一个世界。"类似的穿插使得这些访谈形成了一个更广阔的互文网络，构筑出一个相对立体的法国文艺广场。

这六位人物，也许大多数可以从某种角度被定义为"先锋派"。马蒂斯是先锋派，用他的笔触改变了绘画的基本范式；杜尚是先锋派，用小便池等现成品彻底粉碎了艺术的界限，从观念角度开启了艺术创作的全新维度；布勒东是先锋派，他以超现实主义为依托深入潜意识和梦境，发掘出前所未有的美学空间；加缪是先锋派，他靠果决的勇气直面荒诞并予以抵抗，在最高价值自行贬黜的虚无年代重建人类生存的根基；柯莱特是先锋派，她打破偏见和歧视，勇敢地在作品封面署上自己的真名，毫无顾忌地表达自我。与他们相比，克洛岱尔更像一个保守派，他在一个世俗化大兴的时代笃信天主教，对超现实主义等新思潮嗤之以鼻，但是，他强烈的感受力与创造力并没有因此受到丝毫妨害，反而结出了独树一帜的果实，足以与其他几位抗衡。而在这几位先锋派之间，也未必不存在分歧。这正是露天广场的意义，这里没有一家独大，只有众声喧哗，百家争鸣。

丛书的立项与出版得到了中信出版·大方的鼎力支持与密切配合，在此要向总经理蔡欣女士和文学顾问赵松先生致谢。为了译好这套丛书，我选择了一个虽然年轻但学术扎实的翻译团队：杜尚是郑毅博士阶段的研究对象；布勒东则是尉光吉长期关注的学术重心；张慧在法国研习艺术史，对马蒂斯颇为熟稔；王子童在巴黎高等师范学院研究女性写作，与柯莱特也有重合之处。作为主编，我负责译介克洛岱尔和加缪的访谈，并为柯莱特和布勒东的访谈添加了注解，交代人物信息、历史背景等，方便读者理解文意。对于全部译稿，我一一对照原文逐字逐句进行了修订并与译者进行了细致的探讨，力图完整呈现原作中的文意与语气，把杜尚的戏谑、布勒东的严肃等原汁原味地引荐给中国读者。具体效果如何，还要交由读者判断。

最后，衷心希望读者们能够在露天广场中的这场对话里获得愉悦而丰沛的阅读体验，感受这六位法国文艺大师绝伦的创造精神。

张博

2022 年 7 月 14 日写于南京

中译序

　　纵观 20 世纪的西方艺术史，没有哪位艺术家能和杜尚一样，如此彻底地与传统决裂，与那些盛极一时的流派或思潮保持距离，自由穿梭其中，却滴雨不沾身。他我行我素，活得如此随性、洒脱，以至于在他生活的年代里没有任何艺术风格可以框住他。在其艺术生涯早期的绘画阶段，杜尚便坚守个性，毫无顾忌地把科学、数学、文学等不同学科，把时间性、偶然性、开放性等各色概念融入其作品之中。他不断探索，寻求打破绘画中的视网膜霸权，乃至于令他的同代人感到难堪，将一个男士小便池命名为《泉》，送去独立艺术家展览，让那些评委们面红耳赤，目瞪口呆。这看似疯狂的行为，却开创性地把"现成品"引入了艺术世界，爆破出一片崭新的艺术天地。而他的所作所为，与之后各种艺术流派的诞生和发展都联系得如此紧密又松散。在与杜尚相关的众多文献和研究成果中，他和皮埃尔·卡巴纳的访谈显得尤为重要，这不但是杜尚首次同意广泛深入地就他的各种行为、反应、感触与观点进行讲述与解释，更是他一生中最详细、最深入、最直接的一次现身说法。两年之后，杜尚与世长辞。这份访谈也由此成为他的一份自传般的人生总结。

得益于前辈们的辛勤付出，"杜尚"二字在中文世界已经不再陌生。早在 20 世纪 90 年代，《杜尚访谈录》一书便由旅美学者王瑞芸女士译介到中文世界，之后多次再版，让我们与这位只闻其人不见其身的杜尚有了一次面对面的机会。可惜的是，这次见面并不彻底，这一译本由英译本转译而来，其中难免有所偏差或疏漏，尤其是杜尚作品名称中常用的文字游戏会因转译而出现误译的情况（具体可参见"附录"部分：《马塞尔·杜尚作品汉译正名及其有效阐释的生成》），这也是有必要重译这本书的原因之一。

杜尚的文字游戏看似只是为观者增添了趣味性和参与感，却给翻译工作增加了不可忽视的难度。在我看来，无论是从学术严谨的角度，还是为了对广大读者负责，译者都应该尽其所能地解决这些问题。所以，我一方面在翻译过程中加入了适量的注解，对相关内容进行了阐释；另一方面也为文本增补了对应的作品图片，方便读者更加直观地理解杜尚的相关说法。除此之外，还必须充分考虑到杜尚讲话的语气、风格和倾向。就杜尚自身而言，他并不想过度阐释，也无意故弄玄虚。用卡巴纳的话来说："透过他那些作为创造者的行为，马塞尔·杜尚并不想强加一套革命性的全新艺术语言，而是提供某种思想态度。"杜尚曾这样评价自己："我扮演的角色是艺术上的小丑。"他这样自嘲的目的，就是告诉那些想要把他封神或是想要诋毁他的人：你们搞错了。"作为圣像破坏者，他破坏的最主要就是他自己。"所以，每当杜尚确立某种立场之后，他就会用自嘲或反讽的方式去消解它。当卡巴纳对杜尚本人所建立的判断标准进行提问时，后者明确指出："我不会对那些自己更看好的东西赋予太多的重要性。仅仅是一种个人见解而已。关于所有这些东西，我无意大声宣扬什么决定性的判断。"在他那里"判断"如"信仰"一样是个错误。需要注意的是，这并不意味杜尚没有判断，而是对他而言，这些东西与其他东西都被放在了同样的位置，并没有什么重要或不重要。他无声地秉持着自己的理念，无心去做什么艺坛的领袖。他不断尝试新的材料与技术手段，为今天广阔的艺术形式开疆扩土，最终将日常生活中可复制的"现成品"引入艺术界。这不但将艺术从传统的技法中分离出来，还消除了传统艺术中作品的唯一性，艺术品的"灵晕"从此消失了。杜尚这么做的目的不是为了更便捷地生产和销售作品，也不是为了主张什么流派风格或者政治宣传。他要让艺术脱离视网膜的霸权，使得实体

9

艺术本身转移到作品与观者之间，赋予观者与制作者同等的重要性。如此一来，艺术家对其作品独有且专断的权利被杜尚无情地切断了，他们再也不是自己作品的最终且唯一的解释者。杜尚认为艺术家对其作品的真正含义是无意识的，始终需要观众的必要参与，从而产生一种额外的创作活动，由观众对作品加以阐释。如果说尼采去除了上帝的中心，那么杜尚的行为就是要去除艺术家的中心。

当然，这里的"观者"是一个抽象概念，对于当时的观众，杜尚从来都漠然置之，甚至不屑一顾。他说："在我看来当代的观众毫无价值。后代可以指定或者准许某些东西留在卢浮宫，与之相比，当代观众的价值微不足道。"当然杜尚这么说并不是出于什么"报复"。在他生活的年代里，当现成品艺术被杜尚制作出来时，观者们也是如此的漠然和不理解。达利就曾说过："早些年，在巴黎，只有17个人懂得'现成品'——马塞尔·杜尚非常稀有的几件现成品。如今，则有1 700万人理解它们，终有一天，当所有存世之物都被视作现成品之时，就再也没有什么现成品了。"现成品艺术的诞生是杜尚丢向艺术界的一枚无声炸弹，他就是这样根据自己的"聪明"去扩大、膨胀并爆破创造的边界。在20世纪西方艺术史中，杜尚的现成品艺术如托多洛夫口中的"新词"一样——"自创语言永远是有理有据的，自创语言者的'新词'可以是语言的，可以是反语言的，但永远不会是非语言的。"[1] 它们的出现，尽管让艺术界短暂地"失语"，却很快就被人们接受，并且人们用自己的方式去理解和模仿它们。它们成了观众在茶余饭后聊上几句，并随之抛在脑后的"奇怪东西"，它们也成了后辈艺术家汲取养分的供给池。它们从"非艺术"变成了"反艺术"，又在某个时刻成为"艺术"本身。对杜尚而言，也许挑选现成品的"理据"就蕴藏在它们刚出现时被认定为"非艺术"的片刻宁静之中。

　　在本书中，除了完整收录访谈录的正文，还加入了三篇序言和两篇附录。前两篇序言均出自皮埃尔·卡巴纳之手。法语原版《杜尚访谈录》先后在法国发行过三个版本，分别是1967年版、1976年版和1995年版，卡巴纳在每个版本中都加入了一篇新的序言。在本书中，我选译了前两篇序言。

　　1967年版的第一篇序言，是卡巴纳与杜尚完成访谈后第一时间写下的，也是杜尚本人唯一看过的序言。在这篇序言中，卡巴纳提到了他作为采访者对这些访谈的诸多看法和体验，以及对此次访谈录出版价值的信心和期待，是访谈录

1　茨维坦·托多洛夫:《象征理论》，北京: 商务印书馆，2004，第364页。(本书脚注如无特别说明，均为本中译本注者注。)

文本非常有益的延伸。作为亲历者，卡巴纳对于杜尚言谈举止的感知体会尤其值得被中国读者所了解。他在序言结尾处写道："在重读这些访谈时，他给我写了一句话，'水到渠成了'。的确，没有任何东西会比马塞尔·杜尚的生活、作品及他本人更加自然、通透、明晰了。"杜尚的这种"自然、通透、清晰"，正是我们理解这位艺术家的第一步。

第二版序言作于九年后的 1976 年。在访谈录出版以后，卡巴纳不但没有收到他原本期待的好评，反而受到了法国学界暴风骤雨般的攻击，"既不满于我在引导谈话时使用的风格（我自以为颇为合适），对马塞尔·杜尚的言论也十分不满"。对于这些抨击，卡巴纳在第二版序言中进行了集中回应。在卡巴纳看来，这些所谓的"杜尚研究专家"，他们通过其专断片面的认知，把杜尚风干成了一具木乃伊，把他变成了一个独属于他们自己、任由他们打扮的私有杜尚。而真实的、鲜活的杜尚，早已带着睥睨的微笑跳出了他们冗长、深奥、晦涩的叙述。正如卡巴纳所说："整部访谈都是用一种杜尚乐于使用的通俗直接的口语写成的。这就证明，最精微、最锐利、最精熟于智力思辨的智慧并不需要使用玄妙的辩证法进行表达。"在我看来，卡巴纳的这次回应，不但在当时的法国学界颇有力度，对今天的中国学界而言也同样振聋发聩，对中国读者如何理解杜尚更是具有奠基性的意义，因此非常值得将其完整翻译成中文。同时，卡巴纳也在序言中写道："复杂、矛盾、出人意料的杜尚。他的那些文字、话语和'东西'也同样如此，导致杜尚评注者们的研究成果每次描绘出的都是一个不一样的形象，或透明或复杂，或随和或挑衅，杜尚的行为举止包含着许多层次，就像拥有多个并列或混合地质层的土壤一样。"卡巴纳写下这段话当然不是自我矛盾，我认为，在杜尚"自然、通透、清晰"的语言背后，无疑包含着丰富的思想，值得我们进一步探寻，这便是他真正的"复杂、矛盾、出人意料"之处。杜尚的"清晰"并不等于"简单"，而他的"复杂"也绝非"晦涩"。这是我们理解杜尚的第二步。在探寻杜尚言辞背后的深意时，我们也不能抱着偷窥般的"解密"心态，而是应该尽力寻找它们与其人生和创作最自然的连接点，去理解他那种深刻的"通透"话语。最后，我们不能忘记卡巴纳在第二版序言结尾处的论断："他（杜尚）被所有人据为己有，却不属于任何人而且避开每个人。没有人拥有钥匙，也永远没有人能解开他身上的秘密。因为根本就没有秘密，也没有钥匙。"

第三版序写于 1995 年，核心内容是讨论杜尚的一件遗作《已知条件：1. 瀑布，2. 煤气灯》。这是一件杜尚默默制作了二十多年的作品，而且长期秘不示人，在其去世后方才公之于众，不但令各路专家震惊到失语，也和他在晚年声称拒绝创作任何作品的言论产生了严重的矛盾。而"矛盾"，又恰恰是杜尚晚年有意探索的艺术元素之一。卡巴纳的这篇序言，主要探讨的便是这件招致非议、令人疑惑的遗作，其内容本身当然极具价值。不过，由于在这部访谈录中杜尚对于《已知条件》只字未提，因此出于内容集中度的考虑，这篇序言并未被收入本书之中。

本书收录的第三篇序言，出自杜尚的好友萨尔瓦多·达利之手，首次发表于1971年出版的《杜尚访谈录》英译本中。之前的汉译本也同样将其收录。在这篇序言中，达利作为杜尚的好友、同时代的艺术大师，分六个段落对杜尚进行了隐喻性的描述，精妙地点明了杜尚的特质，这六个段落分别是："玫瑰与面颊""达达与狗屎""将军与象棋""烧焦、压碎""17与1 700万""国王与国王"。以上这六个小标题，神聚而形散，对于理解达利在整篇序言中的思路至关重要，却在之前的中译本中被遗漏了，给读者的理解造成了困扰。因此，我翻译了这篇序言并收入本书。

除了以上三篇序言，我在附录中还收入了一篇1967年杜尚在一次巴黎的个人展览期间关于"现成品"所做的访谈。这篇访谈的时间就在这部访谈录完成之后不久，详细谈论了杜尚关于现成品的诸多看法，一方面可以与访谈录对照阅读，另一方面也谈到了一些访谈录中未曾提及的内容，例如杜尚在其中第一次详细论述了"矛盾"的概念，成为对访谈录的有益补充。最后，附录中还加入了一篇我自己在翻译完整本访谈录之后写成的学术文章《马塞尔·杜尚作品汉译正名及其有效阐释的生成》，希望中文学界对杜尚作品名称汉译这一基础问题予以重视，从而为后续的有效阐释做出切实的铺垫。

在访谈录中，卡巴纳曾经提过一个给我留下深刻印象的问题："您就是根据您自己的'聪明'，去扩大、膨胀并爆破创造的边界。"虽然杜尚不喜欢"创造"这个词，但对于这些行为本身他是肯定的。杜尚对他的那些"东西"总是口语化地就事论事，访谈中每当回答要超出提问时，他便用"这是另一个问题了"来加以总结。他并不想过度阐释，这就是杜尚，这就是他的性格，用达利的话来说，"他本可以为自己加冕"，可他一生所努力追求的，就是与这种绝对权威对抗。从 20 世纪艺术史的角度来看，从卡巴纳与杜尚访谈的内容来看，又或者从杜尚制作的"东西"——《正在下楼梯的裸女》《泉》《大玻璃》《L.H.O.O.Q.》等来看，甚至是从杜尚的一生，从他的每一次呼吸与度过的时间来看，这种对抗就是爆破，是给艺术界，给那些想要限定他、约束他的人和规则丢去一颗又一颗无声的炸弹。"爆破边界"这个表述，在我看来用在杜尚身上真是再合适不过了。因此，《爆破边界——杜尚访谈录》这个标题就这样被"制作"了出来。

作为译者，同时也作为读者，我看到杜尚用他那带着一丝轻蔑和漠然的语气，对他的人生与作品给出一个个清晰的看法。我竭尽所能地对杜尚的文字游戏和访谈内容进行客观的译介、注解，还原杜尚的语气，希望读者与杜尚的这次见面距离能近一点、再近一点。在此，我要由衷感谢我的好友、留法多年的张博先生，他作为本套丛书的主编，不但主动选择把这部访谈录收入丛书并交由我翻译，而且对本书进行了逐字逐句的校对与修订，我们之间在理解、翻译方面的无数次探讨与争论更让我获益匪浅。同时，我也要感谢我的导师康尔教授对我的杜尚研究的批评指正，感谢中信·大方的蔡欣女士对我的信任，感谢远在法国的艺术史教授阿琳（Aline Palau Gazé）女士与让·米歇尔（Jean Michel Palau）先生，虽受疫情之扰，但他们对我的翻译工作给予了热情的帮助。最后还要特别感谢我的家人在我翻译期间对我工作的支持与照顾。

近年来，我参阅了大量法文研究资料，与法国学者进行了许多深入的探讨，这既增进了我对杜尚的了解，也让我意识到系统译介杜尚的必要性与紧迫性。杜尚就是这样一位与我朝夕相处的"枕边人"，是他在多年前"领"着我去了法国，现在也轮到我为他来到中国贡献一点绵薄之力。另外需要指出的是，在本书中，我对杜尚文字游戏的注解属于我的个人观点，虽然参阅了诸多法语文献，但有些地方杜尚本人并未明确说明，因此未必没有偏差或误解，还望指正。此次《爆破边界——杜尚访谈录》有幸编入"法兰西文艺访谈录"系列之中，该丛书中既有开启杜尚绘画旅程的启蒙者、野兽派的代表马蒂斯的访谈，还有杜尚一生的好友、超现实主义的领军人布勒东的访谈，他们之间相互交错，联系千丝万缕，共同构成了充满创造力的法国艺术世界。我相信，杜尚身处其中，一定会露出他标志性的狡黠微笑，并说出一句："这很有趣。"

郑毅

2021 年 5 月 30 日作于金陵

目录

法文第一版序言 [1]

　　这些与马塞尔·杜尚的访谈全部完成于 1966 年 4 月至 6 月之间，在他位于讷伊区 [2] 的工作室里，杜尚与妻子每年在法国生活的六个月内，便住在那里。这位当代艺术中最令人着迷又最令人困惑的发明家，同意广泛深入地就他的各种行为、反应、感触与观点进行讲述并做出解释，这还是首次。此前，他曾于 1966 年在美国的电视节目上接受过詹姆斯·约翰逊·斯维尼 [3] 的采访，并在 1957 年和 1961 年在巴黎分别接受过让·舒斯特 [4] 和阿兰·乔夫罗伊 [5] 的采访。

1　皮埃尔·卡巴纳与杜尚的访谈最早出版于 1967 年。该序言即为初版序言。

2　巴黎西北部富人区。

3　詹姆士·约翰逊·斯维尼（James Johnson Sweeney，1900—1986）：美国策展人、艺术家。曾担任过美国现代艺术馆和古根海姆博物馆的馆长。

4　让·舒斯特（Jean Schuster，1929—1995）：法国作家、诗人和新闻记者。第二次世界大战后超现实主义运动的重要成员之一。

5　阿兰·乔夫罗伊（Alain Jouffroy，1928—2015）：法国作家、诗人、艺术家。深受先锋艺术影响，20 世纪 60 年代初与杜尚相识。作为艺术评论家撰写过关于杜尚的文章与书籍。

谈论杜尚的著作很少。在总体上，他们对杜尚的各种作品（都被他们不加区别地称为"一些东西"）给出了千差万别的解释。当杜尚决定放弃绘画，继而放弃一切造型艺术活动之时，人们对杜尚这一行为的态度也同样千差万别。因此，必须由杜尚本人对其人生方向加以解释。他用一以贯之的从容完成了这一讲述，并赋予其措辞不容置喙的重要性。人们总是猜想，这是一个不仅冷淡而且"有戒心"的人。透过他那些作为创造者的行为，马塞尔·杜尚并不想强加一套革命性的全新艺术语言，而是提供某种思想态度。这就是为什么这些访谈构建了一堂令人震撼的伦理课。作为诺曼底公证人的儿子，作为画家雅克·维永与雕塑家雷蒙·杜尚-维永的兄弟，这个地地道道的"法国人"，确实是这个时代最令人震惊的智者之一。这半个世纪，在艺术领域，为人所知的造型艺术家远多于伦理学家。他唤醒了整个北美大陆绘画的生命力，与此同时也唤醒了属于他自己的自由。他的每一件成果，按照时间顺序，都描绘了一个人从他的家庭、环境、时代、现实、同期的艺术、规范及传统方法中逐渐获得解放的过程。为什么？杜尚幽默地回答道："自从将军们不再死于马背之上，画家们同样再也不必死在他们的画架上了。"

自从 1913 年纽约军械库展览《正在下楼梯的裸女》引起巨大非议，杜尚便摆脱了绘画的外在技法，只考虑绘画的意义，不仅置身于绘画表现方式之外，而且尤其置身于绘画的内容之外。他在绝对客观的态度下，通过造型艺术家的身份，试图接近其创作之物的真实性。例如他渴望呈现从处女到新娘的过程，他蔑视情感冲动与象征，满足于通过几何与数学手段"塑造"空间中的思想和形式，仿佛他正在建造一台能够实现这一程序的机器。借助"缩减"之力，他终于让他的作品再也无法被视为某种美学产物，而是一种彻底解放的"东西"，杜尚保持了一种近乎彻底的无为态度。能够像他那样让我们听到他说"我什么也没干"之后不会感到惊奇或惊愕的人相当罕见。亨利-皮埃尔·罗谢[1]曾说："他最美的作品就是他对时间的使用方法。"马塞尔·杜尚的回答是："也许吧。不过说到底，这究竟意味着什么，又还剩下什么呢？"

这些"为什么"与"如何"总是被他用一句"或许吧"或者"何必呢"睿智地解决，这便勾勒出了他的全部生存态度。"我拥有过绝对精彩的人生。"马塞尔·杜尚把他的一生打造成了一种安静、祥和、淡漠的挑战，挑战一切限制、一切束缚、一切压迫及一切重要的事物。从杜尚开始，开启了一种绝对而且必要的修正，不仅需要修正物品的内容与意

---

[1]　亨利-皮埃尔·罗谢（Henri-Pierre Roché，1879—1959）：法国艺术评论家，杜尚的好友。

义，而且需要重审创作者的行为本身。这就是如今那些所谓"新现实主义者"或"拒绝服从者"所理解的内容。杜尚的现成品，有好几年时间曾被视为某种可爱的胡思乱想，如今已经产生了不可忽视的反响：艺术家经过深思熟虑的选择改变了物品最初的用途，赋予它意料之外极具表现力的使命。在《自行车轮》与《泉——小便池》问世之后的半个世纪，杜尚的艺术行为承载了一种全新的建设性，其中显露出创作者全然不同的创作态度，一件作品即便充满某种未经加工的元素，从此也同样具有了闪耀光彩的能力。如果说，"艺术"这个词就像杜尚声称的那样，来自梵语，意思是"制作"，那么从此以后，一切都一目了然了。

杜尚的这些行为及这些选择，提出并且最终确定了一种"道德卫生学"，彻底反转了四百年来人文主义的文化与造型成果。这个时代始终把博物馆视为膜拜之所，并且把毕加索、马蒂斯或蒙德里安等"大师"当作半神。杜尚的这些行为和选择摧毁了这个时代智识层面的安逸。马塞尔·杜尚再次戴上了一顶魔术帽，而老德加先生在失去这顶帽子时曾悲叹道，"现在我们的秘密传遍了大街小巷"，语气伤感。多亏了这位诺曼底公证人倔强的儿子，现在这个由智慧、清醒与幽默组成的陷阱捕获了这些创作的秘密。而杜尚本人则安坐于帽檐之上。他说话时音色平静稳重，毫无波澜。他的记忆力惊人，用词也不是出于那种回答了无数次采访以后脱口而出的惯性，而是字斟句酌。不要忘了，他曾经写过《语言的条件：探索最初的词语》。只有一个问题在他身上激起了激烈的反应，那是我的倒数第二个问题，我问他是否相信上帝。大家会注意到，他极其频繁地使用"东西"一词去指代他自己的创作，并使用"制作"一词来展现他的那些创作行为。例如"游戏""这很有意思""我想让自己高兴"之类的字眼经常出现。它们都是证明其"无为"的反讽标志。

马塞尔·杜尚总是穿着一件带绿色细条纹的粉红衬衫。他不停地抽着哈瓦那雪茄（大约一天十支），在巴黎时很少出门，几乎不见朋友，既不看展览也不逛博物馆。那些把杜尚当作靠山的年轻画家也很少去看他，而他自己对他那些非凡的后辈也几乎不感兴趣。"我是一个原型，每一代都会有那么一个。"他说道。对于身边发生的一切，他都用他那种超脱态度所蕴含的不可动摇的泰然加以应对。杜尚说："不存在什么解决办法，因为根本就不存在问题。"作为圣像破坏者，他破坏的最主要就是他自己。作为游戏者，他把偶然性推进到底。当他耗费八年时间制成的《大玻璃》碎裂时，他并没有在物质意义上对其加以修复。相反，他带着某种显而易见的愉悦心情，接受了这些命运的痕迹，它们在事故发生之前是缺席的，从此归入了作品之中。

马塞尔·杜尚是美国最著名的人物之一。自从1913年他的作品首次亮相于军械库展览开始，人们便承认他是这个时代首屈一指的、最具创造性的启示者。这个时代被自称艺术家的人类族群占满，而他却声明自己是个局外人。作为绝对之物的探寻者，杜尚是 20 世纪的弗伦霍夫[1]，但他并没有像巴尔扎克笔下的人物那样将他的作品付之一炬。为了让这些作品继续独自经历属于它们自己的生活，他抛弃了这些作品，而他自己，则带着一种阿波利奈尔早在五十年前就已然写下的"不可想象的力量"，去追寻他作为一位不近人情的"父亲"所拥有的道路，让人难以猜透。

他在大西洋彼岸备受尊崇，他的那些儿子、孙子、侄子、表兄弟和旁系亲属，从劳森伯格[2]到吉姆·戴恩[3]，从欧登伯格[4]到罗森奎斯特[5]，都为他带来了崭新的耀眼荣光；而在法国，杜尚却更多被当成一个神话传说。这不是没有道理的。我在路易·卡雷[6]画廊杜尚-维永《战马》的开幕典礼

---

1 弗伦霍夫为巴尔扎克短篇小说《玄妙的杰作》中的主人公。

2 罗伯特·劳森伯格（Robert Rauschenberg, 1925—2008）：美国艺术家，作品受杜尚影响。

3 吉姆·戴恩（Jim Dine, 1935—　　）：美国当代艺术家。

4 克拉斯·欧登伯格（Claes Oldenburg, 1929—2022）：瑞典公共艺术大师，作品受杜尚影响。

5 詹姆斯·罗森奎斯特（James Rosenquist, 1933—2017）：美国艺术家，波普艺术的主要领导者之一。

6 路易·卡雷（Louis Carré, 1897—1977）：法国收藏家、画廊经营者，杜尚的哥哥杜尚-维永作品的重要收藏者。1966 年在其画廊中举办了杜尚-维永的《战马》个人纪念展。

上仔细观察过杜尚，他消瘦的身型，轻柔的话语，略显局促的神色，还有那带着某种拘束的谦逊"溜"进观众之中的方式，赋予他整个人某种消失之感。他看起来似乎存在于别处，而非他的立身之地。按他的习惯，他是从来不信任"观看者"的。

在重读这些访谈时，他给我写了一句话，"水到渠成了"。的确，没有任何东西会比马塞尔·杜尚的生活、作品及他本人更加自然、通透、明晰了。

皮埃尔·卡巴纳

1966 年 9 月

法文第二版序言 [1]

自本书出版伊始，便激起了公众多种多样的反馈——其中某些反应显得颇为愤怒——既不满于我在引导谈话时使用的风格（我自以为颇为合适），对马塞尔·杜尚的言论也十分不满。他那无法预知的个性，有时与他曾经的言谈文字互相矛盾，令一些其实对杜尚知之甚少的人错误地以为，我将杜尚从他们身边"夺走"了。他们感到遗憾，因为"采访者的狂热与略显失礼的坚持'迫使'记忆极其迅捷、幽默异乎寻常的杜尚先生只能回答'向体育场咖啡间的伙伴们问好'这种水平的提问，甚至有些话题会让他的朋友们知道自己多么不受杜尚待见"。如果这种想法没有以一种平庸的方式把杜尚简化成狡猾甚至不择手段的提问者手中简单的玩物，那么完全可以一笑了之。

---

1 1976 年，卡巴纳与杜尚的访谈录得到了再版。在 1967 年该访谈录问世之后，访谈内容尤其是卡巴纳的提问受到了学术界的严厉指责，因此他在第二版序言中为自己进行了辩护。

同样滑稽的还有某位批评家的反应:"卡巴纳对杜尚的采访,就好像把他当成了一名自行车赛冠军。可能就是这一点让杜尚觉得有趣,并让卡巴纳相信杜尚过着一种咖啡馆伙计的生活。"另一个人把我那些在他看来愚不可及的问题全部罗列了出来,以此论证在这样的情况下,杜尚的回答只可能平平无奇或者无关紧要。这样的态度,以及其他一些评论者的反应表明,他们每个人都占有着,或者自以为占有着,一个专属他自己使用的私有杜尚,通过其私密而专断的认知把杜尚变成木乃伊或者对杜尚进行消毒,无法进行切分,而且不允许任何人分享。这样的态度经常带来一些极其晦涩的文字,甚至写出整本的著作,以一种极端费力的解读方式谈论某个细节、某件作品、某个用词、某种态度,这类阐释常常让杜尚乐不可支,尽管通常来说他根本不会去读。

这些难以理解的评注与学究气的解密,总在提供着一些永远新颖却始终充满分歧且互相矛盾的钥匙,以此去打开例如《已知条件》那样紧闭的大门。这些令人困惑的揭秘从关于乱伦的证据一直谈到对炼金术的论证。面对这些文字,如何容许杜尚这位布勒东口中"本世纪最聪明的人"在我们的《访谈录》中居然能够对他的那些作品给出杰拉尔·加西奥-塔拉伯特[1]所谓"微不足道的解释与平淡无奇

1　杰拉尔·加西奥-塔拉伯特(Gerald Gassiot-Talabot,1929—2002):法国艺术批评家。

的动机"呢！同样，如果不接受杜尚在读完《访谈录》以后的概括"水到渠成"，就无法接受杜尚竟然能够人到晚年对于其人生与作品给出一个清晰的看法，并且为他那些"东西"提供剥离了各种复杂内心想法或隐秘意图的简洁明了的解释。毫无疑问，这些内容使得那些人曾经给出的大部分阐释都失效了。

也许人们还没有充分注意到，杜尚在他的文字和言谈中究竟可以表现得多么简洁明了和"平平无奇"。同样，这种作为"谈话者"与"写作者"的隐秘活动，可以与某种同样节制、安静，甚至有时平淡得令那些主祭牧师[1]们感到绝望的生存状态达成高度一致，那些祭司高高在上的词语通过精挑细选扼杀了他们那位崇拜对象温和的词语的冒犯。

有必要在此重申，在这部《访谈录》的成书过程中，杜尚用了很长时间复核、注释并且在某些情况下非常认真和专注地进行了删改。整部访谈都是用一种杜尚乐于使用的通俗直接的口语写成的。这就证明，最精微、最锐利、最精熟于智力思辨的智慧并不需要使用玄妙的辩证法进行表达。这也因此充分证明，这样的探索，在其思想内容中与在其后续影响和发展中同样丰富，它造成的非议与它表露的蔑视或拒

---

1 主祭牧师（les célébrants du culte）：卡巴纳在此对杜尚的一些研究者进行了辛辣讽刺，他们一方面将杜尚神化、供上神坛，当作宗教祭祀的对象；另一方面把自己打造成主祭之人，独占对杜尚的解释权。

斥同样强烈，这样的探索——正如杜尚在谈及艺术作品时说到的——恰恰存在于每个人对此产生的想法之中。

在《访谈录》中存在一些陷阱，而且到处充满着反讽特色，甚至有一些主张发生了突转，其中的含义一直要到杜尚过几年去世后《已知条件》公之于众之时才得以显现。从1946年到1966年，二十年间杜尚在最隐秘的条件下创作着《已知条件：1. 瀑布，2. 煤气灯》这件作品。杜尚的"还俗者"神话曾经抛弃了一切艺术表现形式，其中反绘画与反视网膜的姿态非常鲜明坦率，现在这一神话的主体部分坍塌了。而那些过去把阐释体系建立在杜尚对艺术形式的抵触、排斥与抛弃之上的评论者对此瞠目结舌——可惜时间不长。

"我不可能创作一幅油画、一张纸本画或一件雕塑。绝对不能。在决定做一件有意义的东西之前，我不得不考虑两三个月。在开始创作之前，我必须找到这个意义。"1966年5月至6月间，杜尚在《访谈录》结尾处做出了这种宣告，而《已知条件》已经完成了。所以他知道，将来某一天，当他离开人世（当然越晚越好），这件作品将与他的言论及行为发生冲突，将带来与他之前惯用的态度不符的不容置喙的终极矛盾，令他的仰慕者与诋毁者都在同样激烈或难耐的震惊之情中哑口无言。也许这就解释了杜尚在死亡中保存的那种狡猾的反讽笑容。

这位"大骚乱者"真正的"丑闻"恰在于此。因此他提前告知过我们，生活与所有行为举止中的一切都是游戏，至于死亡，并不中断这场游戏，恰恰相反，因为它为游戏提供了另一个方向、另一个维度及一些不同的目的。而且，随着那些与《已知条件》的制作筹备相关的笔记、草图及"指令"[1]的出版，我们此刻在这部隐秘成果曝光后对这位作者最后行为所产生的看法，完全可能发生改变。而那些把杜尚最简单的事情搞复杂的人依然没有停止他们的沾沾自喜。

杜尚预见到了这一切，并且乐此不疲，就像他预见到《访谈录》中的许多内容将会引起激烈的反响一样。他的友人与传记作者罗贝尔·勒贝尔的那些显然最明智也最具"逻辑性"的反应，亦不会让他感到惊讶。当杜尚使用其惯用的简单方式去解释他曾经尝试过的"实验"时，他没有从《访谈录》中移除那种"其措辞本身导致的本质性的轻浅"属性，反而在其中增补了"不时包含着某些在一定范围内可以互相反驳的回忆"，这些内容并未逃过画家巴鲁切罗[2]的眼睛，他对杜尚诚实的性格表达了赞美："这是一份真正的见证，任何有朝一日想要对我们这个时代最伟大与神秘的人物

1　杜尚对其最后一个作品《已知条件：1. 瀑布，2. 煤气灯》附上了详细的说明，关于如何拆解和重新安装，以及如何处置等一系列问题。1987 年由费城美术馆出版，首次为人所知。

2　詹弗兰科·巴鲁切罗（Gianfranco Baruchello，1924—2023）：意大利当代艺术家，杜尚提携过的后辈。

进行严肃研究的人，都无法将其忽略。"

对于勒贝尔而言，这部《访谈录》"确凿无疑的目标"就是"贬低艺术家"，尤其是他在一次采访中与杜尚谈话时声称，"贬低了杜尚身上的艺术家面向"。他对杜尚"坚持否认《大玻璃》中包含与'大脑'的任何牵连，制作这件作品完全属于技术与工艺范畴"感到遗憾。而勒贝尔认为，杜尚从 1910 年到 1920 年写下的那些涉及《大玻璃》的手稿笔记足以确认，这一时期杜尚思想的"极端复杂性"。

杜尚回答道："艺术没有生物学方面的借口。它对于任何时代的人而言都不过是一个小游戏而已——他们画画、观看、欣赏、批评、交流并改变。他们发现，对于他们在好与坏之间进行选择的持久需求而言，在这其中存在某种发泄手段。因此，从逻辑上来说，我应该销毁我的笔记，但是逻辑也同样不是生物学层面的东西，为了抵达某种非理性的序列主义 [1]，我们迷失在一个由各种不合逻辑的结论组成的迷宫之中。"

罗贝尔·勒贝尔对杜尚的采访发生在《访谈录》出版几个月之后，当时《大玻璃》的作者正乐呵呵地从他的致敬

1　序列主义（Sérialisme）是 20 世纪出现的一种音乐上的创作手法，将音乐的一些参数（如高音、力度、时值等）按照一定的数学排列组合（即"序列"），然后用序列的变化形式在全曲中重复。勋伯格的十二音体系即来源于此。序列主义具有高度的规律性，但其规律性来自其自身，与人类的理性无关。

回顾展回来，这证实了他对矛盾乃至挑衅的喜好，尤其是在涉及米兰艺术商人阿图罗·施瓦茨在其授意下对现成品进行"复制"的微妙问题上；杜尚一方面在本质上毫不妥协，另一方面也显示出他在形式方面可以表现得多么天马行空。和词语一样，行为也经常具有各种相互矛盾甚至对立的意义，《大玻璃》的作者为他自己的那些行为辩护，就像他宽恕别人的各种行为一样，尽管并不能总是给他们找理由，也以神圣不可侵犯的自由之名，避免对他们攻击和凌辱。

在罗贝尔·勒贝尔之前，在 1966 年泰特美术馆杜尚回顾展的组织者理查德·汉密尔顿[1]身上，同样存在一种令人震惊的态度。他毫不迟疑地利用职权，对杜尚包括《大玻璃》在内的主要作品进行了相当有争议性的复制工作。杜尚没有指责他的行为，尽管这些仿制品并未让他"充满喜悦"，但那些参观者的举动却让他很开心。"如果观众们上当了，那是他们的事情。他们去博物馆就像上教堂。他们就此谈上两分钟，然后展览就再也没有什么重要性了。至于分辨真还是假、模仿还是复制，这都是一些蠢得发疯的技术问题，只存在于我们之间。"

复杂、矛盾、出人意料的杜尚。他的那些文字、话语

1　理查德·汉密尔顿（Richard Hamilton，1922—2011）：英国艺术家，被称为波普艺术之父，1960 年为杜尚出版了《绿盒子》的印刷版本，其中包含了《大玻璃》的原始创作笔记。

和"东西"也同样如此，导致杜尚评注者们的研究成果每次描绘出的都是一个不一样的形象，或透明或复杂，或随和或挑衅，杜尚的行为举止包含着许多层次，就像拥有多个并列或混合地质层的土壤一样。

无论我们对杜尚有何看法，他都从不否认，他直接让这些看法发生错乱。他在行动时使用艺术、语言还有他自己，运用各种微妙、隐秘与复杂的手段，这些手段既是违抗，又是超越，既是突转，又是含混。他把自己称为"荒废时光工程师"，这并非偶尔，而在得到杜尚夫人同意后，我们为新版《访谈录》加上了这个标题。

一位和杜尚交谈过的年轻女士曾经注意到，杜尚就像东方人一样，把"真相用一千种轻盈的花招"遮住，而且回答"任何问题都毫不迟疑"。杜尚这张被匆匆勾勒的头像值得长篇大论。他被所有人据为己有，却不属于任何人而且避开每个人。没有人拥有钥匙，也永远没有人能解开他身上的秘密。因为根本就没有秘密，也没有钥匙。

皮埃尔·卡巴纳

1976 年 10 月

"象棋，就是我。"

(《杜尚访谈录》英译本序言[1])

玫瑰与面颊

　　第一位将年轻女子的面颊比作玫瑰的人显然是一位诗人，第一位去重复这一比喻的人则很可能是个白痴。达达主义和超现实主义的思想如今正在被单调地重复着：软化的钟表[2]已经制造出无数软化的物体。而"现成品"则遍布全球！一块十五码长的面包变成了一条十五英里长的面包！如今吸引着某些偶发艺术者的那种畸形和流行的东西，曾经对达达主义者或者超现实主义者而言，是根本不会有时间也不会有欲望去制造的……

1　1971 年，杜尚访谈录被翻译成英文，应英译者之邀，达利撰写了该序言。

2　1931 年，达利展出其作品《记忆的永恒》。画面中第一次出现了软化的钟表，此后成为被广泛模仿的对象。

达达与狗屎

人们已经忘记了，在达达运动期间，当时的领袖人物特里斯唐·查拉曾在一份宣言中宣告：

达达是这个，达达是那个，达达是这个，

达达是那个，达达不过是狗屎。

这种多少有些黑色的幽默，是新一代人所缺乏的。他们真诚地相信，他们的新达达主义比普拉克西特列斯[1]的艺术更加崇高。

在第二次世界大战期间（在波尔多与阿卡雄之间的旅途中），马塞尔·杜尚曾经对我说，他对粪便的制备产生了新的兴趣，从肚脐眼中排出的少量分泌物则是其"豪华"版本。对此我的回答是，我希望能从拉斐尔的肚脐眼中得到真正的粪便。今天，一位维罗纳著名的波普艺术家正在把艺术家的粪便（放在非常精美的包装中）当作奢侈品出售！

1　普拉克西特列斯（Praxiteles，前395—前330）：古希腊雕刻家，第一个塑造了裸体女性。

将军与象棋 [1]

当杜尚领悟到他已经把他朝气蓬勃的想法慷慨地在风中播撒，直至想法穷尽，他便如贵族般停止了他的"游戏"，并且如先知般宣布，将会有其他年轻人专门研究这场当代艺术的棋局。

然后他就真的下象棋去了。

烧焦，压碎

当人们得知，马塞尔·杜尚的《巧克力研磨器》是他在鲁昂找到的，它就变得崇高了。有必要知道，鲁昂市立博物馆藏有《瑞米耶日的受刑者》[2]，而且圣女贞德是在鲁昂被烧死的。

17 与 1 700 万

早些年，在巴黎，只有 17 个人懂得"现成品"——马

1　在法语中"将军"（échec）一词指下棋时使对手走投无路，"échec"一词也意为"失败"。其复数形式（échecs）就是"象棋"的意思。

2　《瑞米耶日的受刑者》是由法国画家卢米奈（Évariste-Vital Luminais，1821—1896）于 1880 年创作的油画，描述了公元 7 世纪克洛维斯二世的两个儿子造反失败后，被其父烧断双腿丢在木筏上流放他乡的故事。

塞尔·杜尚非常稀有的几件现成品。如今，则有 1 700 万人理解它们，终有一天，当所有存世之物都被视作现成品之时，就再也没有什么现成品了。在那之后，原创性将再次成为艺术性的工作，被艺术家双手抽搐着制作出来。

国王与国王

马塞尔·杜尚原本可以成为一位国王，如果他没有制作《巧克力研磨器》，而是做出《圣壶》[1]，用这件独一无二的、神圣的现成品把他自己像国王一样涂上圣油。之后杜尚就可以在兰斯[2]加冕了。同时达利将会求得他的允许，去画一张《国王和王后被一群飞快的裸女包围》[3]。

萨尔瓦多·达利

纽约，1968 年 1 月

1　圣壶用于盛放圣油，古代，法国国王在加冕仪式中，需要由大主教从圣壶中取出圣油并涂抹在新国王身上，是国王加冕仪式的重要环节。如今，圣壶被保存在兰斯的圣雷米修道院。

2　兰斯是法国国王传统的登基之地，在法国历史上共有 31 位国王在兰斯大教堂加冕，因此兰斯也被称为"王者之城"。

3　一件杜尚早期绘画作品的名字。

八年的游泳练习

马塞尔·杜尚，今年是 1966 年，再过几个月您就要年满八十了。您在 1915 年去了美国，距今已经过去半个多世纪了。当您回顾一生，最让您感到满意的是什么？

首先，我挺有运气。因为实际上我从来没有为了谋生而工作过。从经济角度看，我认为为了谋生而工作多少有点愚蠢。我希望有那么一天，人们活着不必非工作不可。多亏了我的运气，让我可以滴雨不沾身[1]。我曾经在某一刻突然明白了，不应该用过重的负担，用太多要做的事情，用所谓妻子、孩子、房子、车子去拖累人生。幸运的是，我很早就认识到了这一点。这种领悟让我得以长期保持单身，相比于去面对生活中各种习以为常的困境，这要轻松得多。从根本上

---

[1] 杜尚用了一句法国的谚语"J'ai pu passer à travers les gouttes"，直译为"我能够在雨水中穿过"，即下雨时能够在雨滴中穿过而不被淋湿，引申为"在困境中侥幸逃脱"。

说，这就是我的原则。我认为自己非常幸福。我从没遭遇过什么大不幸，没有什么苦闷或者神经衰弱。我也同样不理解创作中的努力到底是什么，绘画对于我而言并不是感情的宣泄口，也不是自我表达的迫切需求。早上画、晚上画、从早到晚画，还要画草图，等等，这类需求我从来没有感到过。再多就没什么可讲了。我问心无愧。

那么，您最大的遗憾是什么？

我没有遗憾，真的没有。我什么都不缺。我到了晚年甚至比年轻时运气更好。

安德烈·布勒东[1]曾说过，您是20世纪最聪明的人。对您而言"聪明"意味着什么？

这恰巧也是我想问你的。"聪明"是人们能够发明出的最具弹性的词。聪明具有某种合乎逻辑的或者说笛卡尔式的形式，不过我认为布勒东想说的是别的东西。他从超现实主义者的角度，思考了这个问题的某种更自由的表现形式。

---

1 安德烈·布勒东（André Breton，1896—1966）：法国著名诗人、艺术评论家，超现实主义运动的领袖，杜尚的好友。

"聪明"于他而言，是对某种凡夫俗子无法理解或难以理解之物的洞察力。在某些词语的意义中仿佛存在着一场大爆炸：这些意义比写在字典中的内容更有价值。

布勒东和我是一类人，我们分享着共通的观点，这就是为什么我认为自己能够理解他对"聪明"进行扩大、拉伸、延展、膨胀之类的打算。

在这种意义上，您就是根据您自己的"聪明"，去扩大、膨胀并爆破创造的边界。

可能吧。但是我害怕"创造"这个词。这个词原本的社会意义，是很讨人喜欢的。但是，我其实根本不相信艺术家的创造职能。这个人和别人没有两样，如此而已。他的工作是做些事情，但是，商人也一样做些事情，你明白吗？相反，"艺术"一词让我很感兴趣。如果它就像我听说的那样来自梵文，那么它的意思是"制作"。不过，所有人都在做些事情，而那些在画布和画框上做事的人，就会被称作艺术家。以前，人们使用过一个我更喜欢的词汇去称呼他们：工匠。我们都是工匠，或者在世俗生活中，或者在军队生活中，或者在艺术生活中。当鲁本斯或者其他什么人需要蓝色颜料的时候，他就必须去他的行会申请相应的克数，然后大家一起讨论，以便了解到底可以给他 50 克还是 60 克，或者更多。

这真的是一群工匠，就像在契约合同里能看见的一样。最开始，是画家在君主社会中变成了一个特定角色后，"艺术家"这个词才被发明出来。接下来，在当今社会中，他成了一位绅士。他不为某个特定的人作画，而是由这个人在他的成品中进行选择。反过来，相比之前的君主专制时期，如今的艺术家也不太受那些官方特许权约束了。

布勒东不仅说过您是20世纪最聪明的人。他还说，让我来引用他的原话："对许多人而言，最让人不爽的人。"

我猜想这意味着，当时我没有随大流，这让很多人把我的态度视为对他们所作所为的反对，或者你也可以理解成一种竞争，于是他们感到不爽。但事实上这种竞争根本不存在。竞争只有对于布勒东和他的团体而言才存在，因为他们重视的不是当下已经发生的东西，而是他们可以做些什么与别人不一样的事情。

您有没有觉得您让很多人感到不爽呢？

没有。在这方面没有，因为我完全没有社会生活。只是在布勒东的团体里和那些多少有点关心我的人那里，我才抛头露面。归根结底，我没有经历过什么真正的社会生活，因为我自己从未公开展出过我的《玻璃》[1]。它以前一直被放在仓库里。

那么，相比您的作品，是您的道德立场更让人感到不爽吗？

在这里我要再次重申，我并没有什么立场。我做得有点儿像格特鲁德·斯泰因[2]。她在某个特定的圈子里被视为一位有趣的作家，具备一些非常新颖的东西……

我承认自己没想过把您和斯泰因加以比较……

这是那个时代人们之间进行比较的一种方式。我借用这个例子是想说明，在每个时代，都有一些人置身于风潮之

---

1 《玻璃》指《大玻璃》。杜尚在访谈中经常对自己的作品进行简称，比如将《大玻璃》称为《玻璃》，将《正在下楼梯的裸女》称为《裸女》等。该作品被私人藏家凯瑟琳·德雷尔收藏，之后该藏家对《大玻璃》进行过展出，但杜尚自己没有展览过这件作品。杜尚从 1915 年至 1923 年花了八年时间制作这件实验性作品，并没有彻底完成，但是杜尚已经不再对这个实验感兴趣了，所以就停止了。后来《大玻璃》在 1926 年至 1927 年巡展时被震裂，杜尚没有试图修复，并把裂痕保留了下来，称其为神来之笔。

2 格特鲁德·斯泰因（Gertrude Stein, 1874—1946）：小说家、诗人、剧作家、理论家和收藏家。1902 年移居法国，时常出入巴黎的先锋派画廊，并成为一些艺术家的终生挚友。她是现代主义叙事文学领域中的实验大师，意在突破传统，开创全新的写作风格，其作品超越了现代主义风格，带有明显的后现代主义色彩。

外。这并不会让任何人感到不爽。我在那里还是不在那里，其实都一样。只是到了四十年后的今天，大家发现，四十年前发生过一些可能会让人不爽的事情，而他们在当时根本不在乎。

在谈论细节之前，我们可以先来聊聊您生命中的关键事件，即这样一件事：在画了大约二十五年画之后，您突然放弃了绘画。我希望您能向我解释一下您的这种决裂。

决裂来源于很多事情。首先，与艺术家们日复一日的接触，和他们一起生活、一起交谈，这类事情让我很不愉快。1912年发生过一个小插曲，让我有点"气血上头"，当时我把《正在下楼梯的裸女》[1]提交给了独立艺术家沙龙，但他们却要求我在开幕式之前把作品收回。在那个时代最前卫的团体中，有些人却抱有离奇的顾虑，表现出某种不

---

1 法语原名为 *Nu descendant un escalier*，英译名为 *Nude Descending a Staircase*。前人多将其译为《下楼的裸女》，而 "descendant" 一词强调的则是 "正在下楼" 这个状态，所以在此将其译为《正在下楼梯的裸女》。这是一幅杜尚在1912年创作的油画作品，使用了立体主义的表现手法，表达了一个裸体女性正在下楼梯的过程。因为杜尚表达了运动过程，有模仿意大利未来主义之嫌，所以当时的立体主义画展拒绝。但一年之后，在美国军械库的展览上引起了轰动，为杜尚前往美国发展奠定了基础。

安情绪。比如像格列兹[1]之类的人，其实都是极其聪明的人，发现这个裸体根本不在他们已经勾勒出的界限之内。那时立体主义只不过刚开始盛行了两三年，这些人就遵循着一种绝对明确、笔直的行动路线，对他们应该达到的一切目标预见得清清楚楚。我认为这简直幼稚得发疯。于是，因为这件事我完全冷静了下来，我曾经以为这些艺术家都是独立自主的，而他们做出的这些行为让我心生抗拒，于是我找了份工作，在圣热内维耶尔图书馆[2]当管理员。我这么做，就是为了把自己从某种圈子、某种姿态中解脱出来，从而获得一种冷静的清醒意识，同时也是为了挣钱养活自己。当时我二十五岁，大家都对我说应该要自食其力，我也这么以为。然后战争[3]爆发了，把一切都打乱了，我便去了美国。

我在《大玻璃》上花了八年时间，其间我也时不时做一些别的东西，不过那时我已经放弃画布和画框了。我已经对它们深感厌烦了，倒不是因为已经在画框上涂抹了太多画布，而是因为在我眼中，它作为一种自我表达方式已经不必要了。《玻璃》拯救了我，因为它是透明的。

1　阿尔伯特·格列兹（Albert Gleizes，1881—1952）：法国立体派艺术家，对立体派理论多有阐述。

2　圣热内维耶尔图书馆：巴黎的一座著名图书馆，位于先贤祠旁边，索邦大学附近。

3　指第一次世界大战。

当你作画之时，即使是抽象画，也始终存在某种被迫的填充。我自问这是为什么。我总是提出很多"为什么"，从这些质问之中，怀疑出现了，对一切的怀疑。我的怀疑如此之多，以至于到了 1923 年，我终于说："好吧，这样不错。"我并不是一夜之间就放弃一切的，恰恰相反。我从美国回到法国，留下了未完成的《大玻璃》。当我再回到美国时，已经发生了许多事情。我结婚了[1]，我想是在 1927年。生活占了上风。我在这件东西上面花了八年时间，还特意制定过明确的计划，但是尽管如此，我不想再继续下去了，也许恰恰是因为在它上面花了这么长的时间，使它成了某种内在生命的表达。不幸的是，随着时间流逝，我在制作过程中热情全失，它再也不让我感兴趣，和我再也没有关系了。当时我觉得已经够了，于是就停了下来，不过没有矛盾冲突，也不是什么突兀的决定。我甚至想都没想过。

这就像是对诸多传统手段的一种循序渐进的拒绝。

就是这样。

1　1927 年 6 月 7 日，杜尚与丽迪·萨拉赞-勒瓦索结婚，但婚姻仅维持了不到一年。

我注意到这样一点：这不是什么新鲜话题了，关于您对下象棋的热情……

这没什么大不了的，不过确实如此。

不过我还注意到，当您不画画的时候，这种热情尤其高涨。

没错。

所以我寻思着，在您下棋的时候，那些在空间中驾驭棋子动向的手势难道不会激发出一些想象中的创造——是的，我知道，您不喜欢"创造"这个词——在您眼中，这些想象中的创造是否与您画作中实际的创造具有同样的价值，并且在空间中建立起一种全新的造型功能。

从某种意义上说，是的。一盘棋同样是某种视觉和造型之物。如果在"象棋"这个词的静态意义上，它并非几何图形，但正因为它可以移动，所以它是一种机械装置。它是一种构图，一种具有机械感的真实。那些棋子本身并不漂亮，并不比游戏的形式更加漂亮，真正漂亮的是运动，如果"漂亮"这个词可以用在这里的话。因此，例如从考尔德[1]的角度来说，象棋就是一种机械装置。下棋时，在运动领域无疑存在某种极其优美的东西，但在视觉领域却完全没有。在这样的情况下，产生美感的恰恰是对运动或者手势的想象，完全存在于大脑灰质之中。

总而言之，在象棋中存在某种无动机的形式游戏，对立于绘画功能性的形式游戏。

是的。完全正确。当然游戏也不是那么无动机，存在某种选择……

没有任何目的吗？

没有。不存在什么社会目的。尤其是这一点至关重要。

这是完美的艺术品吗？

可以是。还要补充一点，棋手的身份比艺术家身份更让人有好感得多。棋手是一群完全沉迷、彻底盲目、对棋盘

1　亚历山大·考尔德（Alexander Calder，1898—1976）：美国雕塑家、动态雕塑的发明者。

之外的一切视而不见的人。就是某种性质的疯子，就像艺术家也曾经被认为是一群疯子一样，但普遍来说，艺术家现在根本不是这样。下棋让我最感兴趣的大概就是这一点。一直到四十岁或者四十五岁我都被象棋深深吸引，之后我的狂热渐渐消退了。

现在需要追溯到您的童年。您是 1887 年 7 月 28 日在滨海塞纳省的布兰维尔市出生的。您的父亲是一名公证人。在您家里，大家在晚间常常一起下棋或者演奏音乐。在七个孩子中，有六个活了下来，您是老三。三个男孩分别是长子加斯东，后来成为雅克·维永[1]；次子雷蒙，后来成为雕塑家杜尚-维永[2]；三子马塞尔，也就是您本人。然后还有三个妹妹：苏珊娜、伊冯娜、玛德莱娜。出生日期根据一种令人震惊的规律性节奏分段排列，1875—1876，1887—1889，1895—1898。您出生于一个殷实的诺曼底中产家庭，在一个非常福楼拜[3]式的外省氛围中长大。

1　雅克·维永（Jacques Villon，1875—1963）：加斯东·杜尚的艺名。法国画家。

2　雷蒙·杜尚-维永（Raymond Duchamp-Villon，1876—1918）：雷蒙·杜尚的艺名。法国最早的立体主义雕塑家之一，1918 年因感染伤寒病逝。

3　居斯塔夫·福楼拜（Gustave Flaubert，1821—1880）：出生于诺曼底的鲁昂市。其代表作《包法利夫人》真实刻画了 19 世纪法国诺曼底省的风俗人情。"福楼拜式"即福楼拜在其小说中所描写的那种诺曼底生活方式。

一点没错。我家很靠近里镇[1]，我很确定包法利夫人就是从里镇乘着马车去伊沃托的。的确非常福楼拜。不过，很显然一直要到我十六岁读过《包法利夫人》以后，才知道了这些。

我相信，您在艺术方面的第一个重要事件，就是1905年在鲁昂的一家印刷厂实习。这让您掌握了一些印刷方面的可靠技术。

这是一个有趣的插曲。当时我看到两年兵役法就要出台了，我想到自己既不是军国主义者也不好战，应该试着利用一下三年法，[2]也就是说我要立即入伍，但只服役一年。于是我当时使用了所有必要的手段，只为搞清楚如果既不是律师也不是医生的话，应该怎么做，因为正常来说要免除兵役只有这两种职业。然后我就了解到，存在一种艺术工考试，而艺术工和律师医生一样，也可以在同样条件下服一年兵役而非三年。于是，我就去寻找自己到底能做哪种类型的艺术工。然后我发现，可以去做排字印刷工或者雕版蚀刻印

1　里镇是福楼拜小说《包法利夫人》的发生地点永镇的原型。

2　两年兵役法要求所有法国人服役两年时间，而三年兵役法则要求大多数人服役三年，但特定职业可以减至一年。

刷工。这就是所谓的艺术工。我的外祖父是个非常有经验的刻工，我家里还保存着一些铜版，他在上面雕刻了一些旧日鲁昂无比美妙的风光。于是我就去了一家印刷厂，并请厂主教我如何印版。他同意了。我和他一起工作，并且在鲁昂通过了考试。评审团是由一群工匠师傅组成的，他们向我询问了几个关于列奥纳多·达·芬奇的细节问题。至于笔试，则涉及印刷版画并且展示自己的能力。我印制了我外祖父的底版，并且给每一位考官送了一份样片。他们都非常高兴，给了我 49/50 分。于是我就被免除了两年兵役，并且编入了军官学员分队。在一年服役期快结束时，在厄镇[1]，负责免除兵役分队的上尉询问每个士兵平时在生活中是做什么的。当他得知我是一个艺术工时，他什么话也没说，但我明白，法国的军官行业无法在队伍中拥有一个每天挣七法郎[2]的工人，而我也觉得自己在军职中不会走得太远。

它把您的军事生涯扼杀在了萌芽之中。

彻底扼杀了。这非常好。之后，我复员了。于是就彻

1　厄镇：位于诺曼底滨海塞纳省。

2　根据法国学者统计，1905 年，法国人的平均工资是四点八九法郎，七法郎属于中上水平。

底免除了兵役。

您第一幅为人所知的油画作于 1902 年。您当时十五岁。那是《布兰维尔的教堂》(图 1)，您的故乡。您是如何发现绘画的？您的家人鼓励过您吗？

我们居住的那栋房子充满了外祖父的回忆，他制作了许多关于家乡的版画。还有，我比雅克·维永小十二岁，比雷蒙·杜尚-维永小十一岁。他们早就是艺术家了，尤其是大哥维永。我早就有能力对此进行思考了。我父亲那边没有任何反对意见，有另两个儿子在，他早已习惯对待这个问题了。我父亲甚至同意在金钱上给予我帮助。

我相信您的母亲也同样是位艺术家。她以前经常画一些餐具吧？

她也同样想要烹饪，不过在她七十年的人生中从来没有做到过。她在纸上画过斯特拉斯堡，但也就到此为止了。

那么在您家里存在某种对于艺术的理解氛围吗？

是的，非常明显。在这方面毫无疑问。

与您最亲近的，是您的妹妹苏珊娜吗？

是的。她还有点"赶时髦"，因为她一辈子都在画画，画得比我差一点，但比我热情得多，也坚定得多。

她曾是您最喜欢的模特。

是的，不过我还有两个在她之后出生的妹妹。她们一个接着一个都给我当过模特，这样更加方便。

在您服完兵役之后，您去了巴黎，在朱利安学院 [1] 报到注册。1904 年您曾经陪着大哥维永在那里过了一年，那个时期他正在为报纸画漫画；您也在这方面有过一些尝试。您还记得当时在朱利安学院都有哪些"大师"吗？

完全不记得了。大人物显然是于勒·列斐伏尔 [2]，不过我在那里的时候，他到底有没有教过我，我记不得了。还有一

---

1 朱利安学院是法国一所私立美术学校，由法国画家鲁道夫·朱利安（Rodolphe Julian，1839—1907）于 1866 年在巴黎创立，在法国 19 世纪末至 20 世纪初的艺术潮流中，许多著名艺术家都曾在此学习。

2 于勒·列斐伏尔（Jules Lefebvre，1836—1911）：法国画家，赢得过著名的罗马大奖。

位更加年轻的教授，但我完全记不起他的名字了。何况我只在朱利安学院待了一年。当时我在做什么呢？我上午去打台球而不是去画室。我也参加过一次巴黎美院的入学考试，就像英语里说的那样，是一次"惨败"[1]。第一门考试是用木炭条画裸体素描，我被淘汰了。

所以您是无数被巴黎美院拒之门外的考生之一？

千真万确，现在我引以为豪。当然，在那个时候，我还拥有一种想要去"做美术"的无知者的热情。当时我一边去朱利安学院听课，一边继续画漫画。我在《微笑报》和《法兰西信使报》上每画四分之一个版面，就能得到十法郎。《法兰西信使报》在当时广受欢迎，我能进去多亏了大哥维永。你知道，主编于勒·罗克[2]是个很奇怪的家伙。维永每周一早上去报社，就是为了在罗克到办公室的时候把他逮住，跟他抢几个小钱，因为很显然，他是从来不付钱的。

所以，我们总结一下您的人生起点：一个中产阶级家

1　原文为英语"flop"，意为"彻底失败"。

2　于勒·罗克（Jules Roques, 1850—1909）：法国媒体人，1884年创立《法兰西信使报》并担任主编直至去世。

庭，一种很明智也很符合惯例的艺术教育。那么，之后您所秉持的反艺术立场，难道不是对于这类状况的某种反抗甚至报复吗？

是的，但我当时对自己也没什么把握，尤其在一开始……当我们还是小孩子的时候，我们不会用哲学的方式去思考问题，我们不会问："我对吗？我错了吗？"我们只是简单地沿着一条让你更感兴趣的方向走下去，不会过多思考自己做的事情是否有效。要等过了一段时间之后，我们才会问自己到底做得对还是错，是否可以做出改变。在 1906 年到 1910 年或 1911 年期间，我在不同的观念之间有点漂浮不定：野兽派、立体主义，有时候还会回到更加古典的东西上去。对我而言，在 1906 年或者 1907 年发现了马蒂斯是一个重大事件。

而不是发现塞尚吗？

不，不是塞尚。

您经常和维永一起出入同龄人的艺术家圈子，他们都在二十岁到二十五岁左右，你们肯定会谈论塞尚、高更和凡·高吧？

没有。我们的交流主要围绕着马奈。他是个大人物。我们甚至不谈印象派。修拉完全不为人知，我们几乎都没见过他的名字。请注意，我完全没有生活在画家圈子里，而是和一群漫画家在一起。我住在蒙马特的柯兰古街，就在维永家隔壁，我们经常往来的主要有威利特[1]、利安德[2]、艾贝尔·费弗尔[3]、乔治·休德[4]，等等。这就完全不一样，当时我和画家们并没有什么联系。即便是我不久之后结识的胡安·格里斯[5]，当时也在画插画。我们俩一起去了广告画师保罗·伊瑞比[6]创办并领导的杂志社。我们经常在柯兰古街的一家咖啡店里打台球。我们相互交换内部消息。画一页二十法郎，但从来没有人给我们支付过报酬。

当然，只要接触到他们，也不算太坏了！

那时候我和格里斯有些来往，但我在 1908 年离开了蒙马特。

---

1 阿道夫·莱昂·威利特（Adolphe Léon Willette，1857—1926）：法国漫画家。

2 查尔斯·吕西安·利安德（Charles Lucien Léandre，1862—1934）：法国漫画家。

3 艾贝尔·费弗尔（Abel Faivre，1867—1945）：法国漫画家。

4 乔治·休德（Georges Huard，1887—1962）：法国漫画家。

5 胡安·格里斯（Juan Gris，1887—1927）：西班牙画家、雕塑家。1906 年搬到巴黎生活。早年曾画过漫画，后来潜心创作立体主义风格绘画，成为立体主义的代表性艺术家。

6 保罗·伊瑞比（Paul Iribe，1883—1935）：法国插画家。

您住到了讷伊?

是的，一直住到 1913 年。当时就住在离我现在的住址两步路的地方。

1905 年，在秋季沙龙上发生了著名的"笼中野兽"事件[1]，与此同时，马奈—安格尔的回顾展也在举行。我想这些事情应该会让您感兴趣吧?

当然。当时所有关于绘画的讨论中都可以发现马奈的名字。那时候塞尚对于大多数人来说还只是萤火之光……当然，我说的是自己身处的圈子。在那些职业画家之中应该是另一番景象……不过，正是 1905 年的秋季沙龙让我产生了作画的念头……

您之前已经在作画了……

是的，但没有像这样去画……那时候让我感兴趣的主要是素描。大约在 1902 年到 1903 年，我做过一些伪印象派

1　1905 年的秋季沙龙中，展出了马蒂斯、德兰等人的画作，因为画面色调与传统差异极大，舆论哗然；法国艺术评论家路易·沃克塞勒（Louis Vauxcelles，1870—1943）将他们的画作轻蔑地称为"笼中野兽"。马蒂斯等人不以为然，反而以"野兽"自居。"野兽派"一词由此而来。

的东西，一种消化不良的印象主义。我在鲁昂有一个朋友，皮埃尔·杜蒙[1]，他也在做同样的事情，不过更加夸张……之后我就转向野兽派了。

一种格外强烈的野兽派风格。在费城美术馆，多亏了阿伦斯伯格[2]（我们之后再谈他）的捐赠，您的作品得到了完整展出，您那些野兽派油画的激烈尤其令人震撼。罗贝尔·勒贝尔[3]，您的传记作者之一，将这些画作尖锐的刺目风格与凡·东根[4]进行了对比，并认为它们更接近德国表现主义。

我真的记不得这些是怎么发生的了。哦！显然是因为马蒂斯。是的，他是源头。

您和他有联系吗？

1　皮埃尔·杜蒙（Pierre Dumont，1884—1936）：法国画家。早年画过一些印象派风格的作品，之后转向了立体主义。

2　瓦尔特·阿伦斯伯格（Walter Arensberg，1878—1954）：美国著名收藏家，杜尚的终身赞助人，收藏了杜尚几乎所有的作品，去世前将其全部捐赠给了费城美术馆。

3　罗贝尔·勒贝尔（Robert Lebel，1901—1986）：法国艺术史家，杜尚的主要研究者之一，撰写了第一部关于杜尚的研究专著。

4　凡·东根（Kees van Dongen，1877—1968）：荷兰画家，后定居巴黎，是野兽派风格的重要艺术家。

完全没有。我几乎不认识他。我这辈子也许见过他三次。不过他那些秋季沙龙中的油画深深打动了我，尤其是那些由均匀涂抹的蓝色或红色组成的巨型人像。你知道，这在当时是一件大事，震撼了很多人。还有吉里厄[1]，他也让我很感兴趣……

他风光过一阵。

然后他就彻底消失了。在他笔下有一种庄严感，曾经吸引过我。我也不知道这种庄严感是从哪捕捉到的！

除了秋季沙龙，您当时经常去逛画廊吗？

是的，国王街上的德吕埃画廊[2]，在那里可以看到室内画画家如博纳尔[3]或者维亚尔[4]的最新作品，他们都反对野兽派。还有瓦洛东[5]。我一直很偏爱他，因为他生活在一个一切

1　皮埃尔·吉里厄（Pierre Girieud，1876—1948）：法国画家，在世时并不知名。

2　德吕埃画廊由欧仁·德吕埃（Eugène Druet，1867—1916）于 1903 年创办，1908 年搬迁至国王街 20 号，是当时巴黎颇为著名的画廊之一。

3　皮埃尔·博纳尔（Pierre Bonnard，1867—1947）：法国画家，纳比派创始者之一。

4　爱德华·维亚尔（Édouard Vuillard，1868—1940）：法国纳比派画家。

5　费利克斯·瓦洛东（Félix Vallotton，1865—1925）：法国纳比派画家。

都是红色与绿色的时代里，却一直在使用着最深的棕色，使用着失去光泽的冷色调。他对立体主义者们的调色盘做出了预告。我只在1912年或者1913年见过毕加索。至于布拉克，我和他几乎不认识。我只是简单地和他打个招呼，但我们之间并没有交流。此外，他只和那些早已认识多年的朋友来往。同时年龄的差异也起了一些作用。

我想起了维永谈起毕加索时曾对我说过的一句话，当时我和他说起他们在蒙马特的会面，他含糊其词地回答说："我远远地看着他。"这些同代或者几乎同代的年轻艺术家，频繁出入同样的地点，认识同样的人，相互之间却存在这样的"距离"，让我相当吃惊。布拉克与毕加索在那个时期确实已经离群索居了，封闭于他们自己的生活区域与艺术创作之中。

确实如此。当时巴黎是非常分裂的，毕加索与布拉克的生活区域，蒙马特，与其他地区是非常疏离的。那段时间我曾经有机会和庞塞[1]一起去蒙马特走动。庞塞是个了不起的人。他原本只是一所私立学校的数学老师，或者干着诸如

1　莫里斯·庞塞（Maurice Princet，1875—1973）：数学教师，在立体主义诞生过程中发挥过重要作用。

此类的工作，却扮演了一位精通四维问题的先生，于是大家都听他的。聪明人梅金杰[1]也经常借用他的观点。四维变成了一个人人谈论的东西，却又不知道它到底是什么。现在依然如此。

在那段时间谁是您的朋友和同伴呢？

和维永住在讷伊的时候，我几乎没什么朋友。我记得去布里耶[2]的时候，远远瞥见德劳内[3]在那里高谈阔论，但我从来没有和他单独见过面。

当时讷伊就像世界尽头，您搬到那里居住，是想与这些画家保持距离吗？

大概吧。在 1909 年到 1910 年之间我画得很少。在1911 年年底我遇到了格列兹、梅金杰、莱热[4]，他们都是一

1　让·梅金杰（Jean Metzinger，1883—1956）：法国立体主义画家。

2　布里耶是当时巴黎蒙帕纳斯区一个非常著名的歌舞厅。

3　罗贝尔·德劳内（Robert Delaunay，1885—1941）：法国艺术家，最早创作纯抽象作品的画家之一。

4　约瑟夫·费尔南·亨利·莱热（Joseph Fernand Henri Léger，1881—1955）：法国画家，参与过立体主义运动。

个圈子里的。每周二，在格列兹位于库尔布瓦[1]的家中都有聚会，格列兹和梅金杰当时正在撰写一部关于立体主义的书籍。每个星期天，在皮托区[2]也有聚会，由于我的两位兄长认识秋季沙龙里的所有成员，因此来访者众多。科克托[3]时不时也会过来。还有一个卓越的人物，马丁·巴尊[4]。我在美国还见过他几次。他每年都编订一本英法双语的鸿篇巨制，把他1907年以来所有的作品全部收录进去，包罗万象。他现在应该已经超过八十岁了吧。他的儿子已经完全是美国人了，在纽约的哥伦比亚大学工作。

您认识阿波利奈尔[5]吗？

很不熟。人们并不怎么了解他，除了他的挚友。他是一只蝴蝶。和你在一起的时候，他就谈论立体主义；第二天，他又去一个沙龙里朗诵维克多·雨果。那个时候搞文学的人的有趣之处就在于，当你遇见他们和另两个搞文学的人

1　库尔布瓦是巴黎西北部城郊的一个区，紧邻杜尚所住的纳伊区。

2　皮托区是巴黎西北部城郊的一个区，与纳伊区和库尔布瓦区相邻，杜尚的大哥雅克·维永当时住在皮托区。

3　让·科克托（Jean Cocteau，1889—1963）：法国作家。

4　亨利-马丁·巴尊（Henri-Martin Barzun，1881—1973）：法国诗人、艺术评论家。

5　纪尧姆·阿波利奈尔（Guillaume Apollinaire，1880—1918）：法国诗人，与艺术家交往甚密，撰写过大量艺术评论。

在一起时，你一句话也插不进去。那是一连串的烟花炮仗，一连串的玩笑、谎言，全都难以逾越，因为这种风格你根本就讲不来。于是你只能保持沉默。有一天，我去和皮卡比亚[1]一起吃午饭，由马克斯·雅各布[2]及阿波利奈尔作陪，当时简直不可思议。我们被焦虑和狂笑分成了两半。他俩依然活在1880年前后象征主义时代的文人观念之中。

您在1909年的独立艺术家沙龙[3]上第一次展出了作品，那是两张油画……

其中一张是关于圣克卢[4]的小风景画，我卖了一百法郎。我非常开心。这太棒了。没有走任何"后门"。我甚至不知道是谁买的。还有另一个卖画的小插曲，是在1910年或者1911年的秋季沙龙上，我卖了一幅小画，是一张人体素描，卖给了伊莎多拉·邓肯[5]，当时我并不认识她。后来我试图把这幅画找回来。我在美国遇到了伊莎多拉，但根本找不到。

1　弗朗西斯·皮卡比亚（Francis Picabia, 1879—1953）：法国先锋艺术家，杜尚的挚友。

2　马克斯·雅各布（Max Jacob, 1876—1944）：法国诗人，毕加索在巴黎最早的朋友之一。

3　法国的独立艺术家沙龙设立于1884年，引领了20世纪初的艺术潮流。

4　圣克卢是巴黎西郊的风景胜地。

5　伊莎多拉·邓肯（Isadora Duncan, 1877—1927）：美国舞蹈家，现代舞创始人。

她买卜那幅画作为圣诞礼物送给了她的某个朋友。我也不知道它后来什么下落。

在那段时间"画家的生活"对您来说有什么含义?

我那时候一开始并没有过上画家的生活。一直要等到1910年。

您逐渐走向绘画。您在绘画中期待的是什么?

我对绘画一无所知。真的没有计划或者心中确立的方案。我甚至没有问过自己,到底应不应该卖掉我的画作。没有任何理论基础。你明白我想说什么吧?这有点蒙马特的波希米亚风格。我们生活,我们作画,我们是画家,这一切说到底根本什么也没说。当然这些东西今天依然存在。我们作画是因为想要过得自由,不想每天早上去坐办公室。

就像是对于社会生活的某种拒绝。

是的。完全是这样。不过并没有什么对未来的长远计划。

从不为明天担心。

不，完全不担心。

1908 年，您在讷伊安了家，立体主义也在这一年立派了。那年秋天，随着坎维勒[1]画廊展出了布拉克在艾斯塔克绘制的风景画，路易·沃克塞勒[2]第一次写下了"立体主义"这个词。几个月之前，毕加索完成了《阿维农少女》。您当时意识到了这些作品所预示的重大绘画革命吗？

完全没有。我们当时根本没见过《阿维农少女》。几年后它才被拿出来展览[3]。就我而言，我去过几次维尼翁路的坎维勒画廊，在那里立体主义打动了我。

那肯定是布拉克的立体主义了。

是的。我后来甚至去过他位于蒙马特的工作室，大概

1　达尼埃尔-亨利·坎维勒（Daniel-Henry Kahnweiler, 1884—1979）：画商、艺术评论家，1907 年在巴黎开设坎维勒画廊，是立体主义最早的支持者。

2　路易·沃克塞勒（Louis Vauxcelles, 1870—1943）：法国艺术评论家，1908 年创造了立体派一词。

3　《阿维农少女》1916 年首次展出。

是 1910 年或者 1911 年吧。

您从来没有去过毕加索那里吗？

那时候没去过。

毕加索在您看来难道不是一位特殊的画家吗？

完全不是。恰恰相反。可以这么说，在毕加索与梅金杰之间，存在某种心理层面的竞争。当立体主义刚开始产生社会影响的时候，人们主要提到的是梅金杰。他当时一直在解释立体主义，而毕加索什么也不解释。只需过上几年就可以发现，不说话比话太多要好得多。不过这并不妨碍梅金杰当时对毕加索的崇敬。我不知道后来他到底缺了什么，因为他才是所有立体主义者中间最接近某种综合方法的人。但没能走通。为什么？我也不知道。毕加索成为旗帜是之后的事情。公众总是需要一面旗帜，不管是毕加索、是爱因斯坦还是其他什么人。总而言之，公众代表了这个问题的一半内容。

您刚才说，立体主义打动了您：这是怎么回事？

那是在 1911 年前后。那时候，我已经放弃了野兽派，为了与这个我已见过并且感兴趣的东西（也就是立体主义）结盟。我对待它是很严肃的。

但却心存疑虑。我想，维永和杜尚-维永也有着同样的感觉……

一种对系统化的怀疑。我从来不能强迫自己接受那些现成的格式，去模仿它们或者被它们影响，我甚至不去回忆前一天晚上在商店橱窗里看到的东西。

在 1910 年 8 月创作的《棋局》（它还非常学院派）与 1911 年的《奏鸣曲》和《肖像》（或者叫《意中人》）之间，存在彻底的断裂。

彻底的断裂。《棋局》（图 2）是给 1910 年秋季沙龙的。我画《奏鸣曲》则是在 1911 年 1 月。9 月，我又对它进行了修改。《意中人》重叠了五个女性的身影，也是同期制作的。让人吃惊的主要是技术方面的游移不定。

您在犹豫是否表态。

是的，因为立体主义的全新技法需要我动手工作去适应。

事实上，立体主义的技法似乎比立体主义的精神更吸引您，亦即通过体积去恢复画布的形状。

就是这样。

体积比色彩重要得多。我注意到您刚才使用了"动手工作"这个说法，我想知道，究竟是什么冲击决定了您当时在绘画风格方面产生的断裂？

我不知道。大概是在坎维勒画廊看到了一些东西的缘故吧。

在《棋局》之后，1911 年 9 月到 10 月间，在 12 月画成《下棋者肖像》（图 3）之前，还存在好几幅《下棋者》的木炭（图 4）和油画草图。

是的，这些都发生于 1911 年 10 月到 11 月之间。巴黎现代艺术馆里有一份草图，另外还有在这份草图之前做的几张素描。之后，就有了那张最大的《下棋者》（图 5），是定稿，画里我的两个哥哥正在比赛，现在收藏在费城美术馆。这些《下棋者》，尤其是《下棋者肖像》，完成度更高，是在煤气灯下画出来的。那是一种很让我着迷的探索。你知道，煤气灯的光线，从老式灯嘴里冒出来的时候，是绿色的。我当时想看看这会给颜色带来怎样的变化。当你在绿光下作画，第二天又在自然光下观看的时候，画面就变得更偏淡紫色和灰色，很像这一时期立体主义者的绘画风格。为了获取某种暗色调和灰色调，这是一个简便的手段。

这是您关心光线问题的极少数场合之一。

是的，不过这甚至并不当真是光线，这是把我照亮的灯光。

那更多是氛围而非光源。

是的，就是这样。

您的《下棋者》深受塞尚《玩牌者》的影响。

是的，不过当时我已经想要摆脱这种影响了。而且，你知道，这一切很快就发生了。立体主义也仅仅让我感兴趣了几个月而已。在1912年年底，我已经在想别的东西了。所以立体主义主要是一种探索方式，而非什么信仰。在1902年到1910年间我游了不少泳。我有过八年的游泳练习。

大哥维永对您有影响吗？

影响很大，最开始是在素描方面。我对他那种非凡的动手能力无比钦佩。

在您这些探索的岁月里，画家们在生活中组成意气相投的团体，甚至小宗派，互相交流他们的研究、发现和不安，其中友谊扮演着一个非常重要的角色，而最让我震惊的，则是您对自由的需求，是您对距离与退隐的偏好。尽管您在相当短暂的时期内受到过某些影响，但您不仅与各种运动、潮流、观念保持距离，而且与各种艺术家也保持距离。不过，您完全了解这些运动，而且，对于那些对您形成自己的艺术语言有用的内容，您都毫不犹豫地加以借鉴。在这一时期，究竟是什么感觉在推动您前进呢？

一种非凡的好奇心。

一扇朝向其他东西的窗户

1911 年，您还是一位充满好奇但几乎没有革命性的年轻画家，正饶有兴趣地注视着自己刚刚跨出的脚步。在您这一年创作的两幅作品《肖像》（或者叫《意中人》）与《奏鸣曲》（图 6）中，有一种东西让我印象深刻，那就是同时性的出现。

这大概是那时我对立体主义的阐释。这其中还有我对透视和人物常规位置的忽视。在《意中人》（图 7）里，同一个人物重复了四次或者五次，裸体的、穿衣的，像花束一样，主要目的就是在这一时期对立体主义"去理论化"，赋予一种更加自由的阐释。

我刚才之所以提到"同时性"，是因为在同一时期，德劳内画出了《朝向城市的窗户第 3 号》，正是在这幅画中第一次出现他后来进一步阐释的同时对比。

我当时只知道德劳内的名字，如此而已。不过请注意，同时性并不是运动，至少不是我所理解的运动。同时性是一种构图技巧，色彩—构图技巧。德劳内的埃菲尔铁塔，说到底是对埃菲尔铁塔的拆解，是有可能崩塌的。运动的概念，当时没人多么放在心上，甚至包括未来主义者。未来主义者最初都在意大利，我们对他们了解得不多。

《未来主义宣言》[1]1910 年 2 月 20 日刊登在了《费加罗报》上，您当时没有读到吗？

当时我没有关注这些事情。而且意大利远在天边。"未来主义"这个词几乎没有引起我的注意。我也不知是怎么了，在《意中人》之后，我感到需要再做一幅叫作《被撕碎的伊冯娜和玛德莱娜》（图 8）的小油画。在那幅画中，对撕扯的处理超过了运动。这种撕扯在本质上是对立体主义式拆解的阐释。

一方面有立体主义式的分解，另一方面又有同时性，同时性完全不属于立体主义吗？

---

1 《未来主义宣言》由该运动领袖意大利艺术家菲利波·马里内蒂（Filippo Marinetti，1876—1944）撰写，1909 年 2 月 20 日刊载于《费加罗报》。此处皮埃尔·卡巴纳记错了年份。

不，不属于立体主义。毕加索和布拉克从来没有操心过同时性。德劳内的《窗户》，我应该是在 1911 年的独立艺术家沙龙上看到的，我相信那里还有他的《埃菲尔铁塔》。这幅《埃菲尔铁塔》大概打动过我，因为阿波利奈尔在他的书里说，我受到过布拉克和德劳内的影响。我完全同意！当我们看到这些人，即便根本没当回事，也照样被影响了。

有时候影响日后才显露出来。

是的，四十年后！运动，或者说一个运动中的身体产生的连续图像，仅仅两三个月之后就出现在了我的画布上，那是 1911 年 10 月，我打算做一张《忧伤男青年在火车上》。首先想到的是火车的运动，然后是忧伤男青年的运动，他在过道中走来走去。所以存在两个平行的运动，彼此呼应。然后，是对人像的变形，我称之为"基础平行"。这是一种形式上的拆解，也就是说，切成许多线性的薄片，它们像平行线一样彼此相继，并且令物体变形。物体被彻底拉长了，仿佛有了弹性。各种线条相互平行地彼此相继，同时微妙地发生变化，以此形成上面提到的那种运动或形式。我把这种方法也用在了《正在下楼梯的裸女》之中。《忧伤男青年在火车上》已经表现出我想把幽默感引进画作之中的意图，总之是一种文字游戏的幽默：忧伤，火车。[1] 我相信阿波利奈尔曾经称其为《火车中的忧郁》。这个年轻人忧伤，因为火车在他之后才来。[2] "Tri"非常重要。

《忧伤男青年在火车上》完成于 1911 年 12 月，其间您还给于勒·拉弗格[3]的几首诗做过插图。我猜这是您主动要做的吧……

是的，尝试这么做让我很快活。我很喜欢拉弗格。那时候我并不是很"文学"。我读过一点，主要是马拉美。当时拉弗格更让我喜欢，现在也依然让我很喜欢，尽管他被低估了。尤其让我感兴趣的，就是他在《道德传说集》里的幽默感。

也许他与您自己的身世存在某种相似性：中产家庭、传统教育。接着开始冒险……

不，完全不是。在那个时代其他画家的家庭出身又怎

1　在法语中，"忧伤"（triste）和"火车"（train）共用字母"tr"。

2　《忧伤男青年在火车上》标题原文为"Jeune homme triste dans un train"，"火车"（train）一词恰好出现在"青年人"（Jeune homme）之后。

3　于勒·拉弗格（Jules Laforgue, 1860—1887）：法国象征派诗人。

样呢？我父亲是公证人，科克托的父亲也是公证人。都是同样的社会阶层。而且我并不了解拉弗格的人生。我知道他曾经在柏林待过。但这并不太让我感兴趣。而《道德传说集》里面的散文诗真的非常吸引我，和他的律诗一样诗意。它就像是走出象征主义的一扇门。

您给拉弗格做过很多插图吗？

十来张吧。我甚至不知道它们现在在哪里。我相信布勒东那里有一张，名叫《中庸》。里头还有一张《正在上楼梯的裸女》，几个月之后我做的那幅画，想法就是从这里来的……

是那幅《星辰依旧》[1] 吗？

是的，就是它。我在画面中表现了一个正在下楼的裸体[2]，更加有绘画感，更加庄严。

1　《星辰依旧》是拉弗格的一首诗，杜尚为其加上了插图，画面表现了一个正在上楼梯的裸女形象。因此在上文中被他戏称为《正在上楼梯的裸女》，与他著名的《正在下楼梯的裸女》形成对照。

2　此处疑为杜尚口误，应为"正在上楼的裸体"。

这幅画的出发点是什么？

起点就是裸体本身。做一个与那种传统的或卧或立的裸体不一样的裸体，将其置于运动状态之中。这里头有些很有趣的东西，不过在我作画的时候却一点都不有趣。运动的出现是我决定作画的理由。在《正在下楼梯的裸女》（图9）中，我想要创造一种运动中的静止图像：运动是一种抽象，一种在画作内部的连续推演，除非我们能搞清楚一个真实的人到底有没有从同样真实的楼梯上走下来。说到底，运动取决于观众的眼球，是观众把运动掺入了画作。

阿波利奈尔曾经写道，您是现代派中唯一一位今天（那是 1912 年秋季）还在关心裸体问题的画家。

你知道，他想到什么就写什么。他做过的东西我还是很喜欢的，因为没有某些批评家流于形式的一面。

您曾经对凯瑟琳·德雷尔[1]宣称，当《正在下楼梯的裸女》的念头出现时，您便知道它"将一劳永逸地切断自然主

1　凯瑟琳·德雷尔（Katherine Dreier，1877—1952）：美国艺术家、艺术赞助人。与杜尚关系密切。

义的奴役锁链……"

是的。我想这是我在 1945 年说的。我当时解释说，当我们想表现一架正在飞行的飞机，我们并不是在画静物。给定时间内的形式的运动让我们不可避免地进入几何与数学的领域。就和造一架机器是一回事……

在您完成《正在下楼梯的裸女》之时，您又制作了《咖啡研磨器》（图 10），它先于那些机械素描。

这对我更加重要。起因很简单。我哥哥在他皮托区的小房子里有一间厨房，他打算用朋友们的画作来装饰它。他问了格列兹、梅金杰、拉·弗雷纳耶[1]，我相信还有莱热，为他制作一些同样尺幅的小画，就像某种装饰带一样。他也跟我说了，我就画了一个被我弄潜出来的咖啡研磨器，咖啡粉洒落在一边，齿轮机构在上方，把手转动时的多个位置可以同时看到，还有一个箭头用来指示运动方向。不知不觉中，我打开了一扇朝向其他东西的窗户。这个箭头是一个让我非常满意的创新，图解那部分从美学角度看也挺有意思。

---

1 罗杰·德·拉·弗雷纳耶（Roger de La Fresnaye，1885—1925）：法国立体主义画家。

它难道没有象征含义吗？

完全没有。顶多是把一些略有不同的手法引入了绘画之中。这是一种脱身之计。你知道，在我身上一直存在这种逃离的需要……

您当时经常来往的那些画家，怎么看待您的这些探索呢？

他们没有想到什么大不了的东西。

他们视您为画家吗？

对于我的两个哥哥而言，这完全不成问题。他们甚至没有讨论过。而且我们也不怎么谈论这些事情……你还记得吧，《正在下楼梯的裸女》被1912年的独立艺术家沙龙拒绝了。始作俑者就是格列兹。那幅画犯了众怒，以至于在画展开幕之前他就委托我的哥哥们让我把画收回去。所以你看……

在导致您之后采取反艺术立场的诸多原因之中，此举是否尤为重要？

这帮助我彻底从过去（个人意义上的过去）中解放了

出来。我说："好吧，既然事已至此，不可能加入什么团体了，只能依靠自己，单干。"不久之后，《裸女》在巴塞罗那的达尔摩画廊展出了。我没有去，不过我读到一篇文章，里面把《正在下楼梯的裸女》当作特例讨论，不过这篇文章并没有引起什么轰动。

这是您第一次打乱那些既定之事。我想问，您直到那时为止都是一个安静甚至谨慎的人，在那之前不久，您与皮卡比亚的相遇难道没有多少"打乱"过您吗？

我是在 1911 年 10 月的秋季沙龙上遇到他的，当时他送去了一个巨大的"机器"，还有几张浴女图。皮埃尔·杜蒙也在那里，后来他的人生十分悲剧。[1] 杜蒙介绍我和皮卡比亚认识，从那一刻起我们的友谊就开始了。后来我还见过皮卡比亚很多次，一直到他去世。

您当时正在与过去用过的那些传统形式决裂，而我相信，杜尚和皮卡比亚的会面在很大程度上起了决定性作用。

是的，因为皮卡比亚的思想令人震惊。

1　杜蒙 1927 年得了半身不遂。

他是某种启发者……

是否定者。和他在一起，总是"是的，不过……""不是，而是……"。不管你说什么，他都要反驳。这是他的游戏，他自己也许都没有意识到这一点。当然，一点自我辩护是应该的。

我有这样一种印象，皮卡比亚让您明白，您在皮托区经常出入的圈子其实是一些"专业"画家的圈子，他们过着这种"艺术家的生活"，您在那个时候对此已经没有好感了，而皮卡比亚则深恶痛绝。

很有可能。他开启了一个我完全不了解的世界。在1911年到1912年间，他几乎每天晚上都去抽鸦片。即便在那时候，这也是相当稀罕的东西。

他为您揭示了一种艺术家的全新态度。

主要还是作为人的全新态度，揭示了一个我作为公证人的儿子完全不了解的社会圈子！尽管我从来没和他一起抽过鸦片。我还知道他酒量大得吓人。这既不是圆亭也不是穹顶 [1]

1　圆亭即圆亭咖啡馆，穹顶即穹顶咖啡馆，均位于巴黎南部的蒙帕纳斯，是20世纪初巴黎艺术家经常聚会的场所。

的圈子，待在这个圈子里是一件完全新鲜的事情。

这显然打开了我的视野。既然我已经准备好迎接一切，我便充分地享受起来……

因为说到底，雅克·维永和杜尚–维永已经在绘画中"定居"了，就像格列兹那样……

是的，已经十年了。他们总是需要用词语的标准意义去解释他们无足轻重的行为。

在社会层面、审美层面、感知层面，您与皮卡比亚的相遇，对您来说是否意味着某种东西的结束及某种全新态度的显现？

这些都同时发生了。

我注意到，在您1910年至1912年的画作中，似乎存在某种直面女性的激烈态度。她们总是关节脱臼或被撕得粉碎。这其中难道没有对于某种不幸爱情的报复吗？我不禁想说……

不，完全没有！《意中人》是一个我在讷伊大道上遇见的女人，我出去吃午饭时经常看到她，但我从来没和她说过话。甚至不可能和她搭话。她住在附近，常常出来遛狗，如此而已。我甚至不知道她的名字。也不存在什么怨恨……

在您二十五岁的时候，大家已经喊您"单身汉"了。您早就确立了您的反女权主义立场。

不，不是反女权主义，而是反对婚姻。相反，我无比正常！事实上，我有些反社会的念头。

反对配偶制？

是的，反对所有这些东西。这涉及一个预算问题，一个非常合逻辑的理由：必须在作画和其他事情之间做选择。成为一个搞艺术的人，还是去结婚生子，弄套乡下的房子……

您靠什么维生？您的画作吗？

我父亲资助我，就这么简单。他终其一生都在资助我们。

不过他从您的遗产中扣除了提前预支给您的金额。

是的，这非常妙，不是吗？应该向所有的父亲们这样建议。大哥维永得到过很多资助，遗产一分未得，而我的小妹妹以前没有要过任何钱（她一直和父母住在一起），便领到了很多遗产。我们有六个人呢！这非常好。跟别人说起来时也让他们觉得有趣。我父亲用公证人的方式处理了这个问题。一切都被记录在案。而且他提前告诉了我们。

《忧伤男青年在火车上》（图 11）画的是您吗？

是的，这是一幅自画像：一次我从巴黎到鲁昂的旅行，独自一人待在车厢中。画面里有一个烟斗，用来指出我的身份。

1912 年，在您认识皮卡比亚一年之后，您与皮卡比亚、阿波利奈尔、皮卡比亚的妻子加布里埃尔·布菲[1] 一起，去安托万剧院出席了雷蒙·鲁塞尔[2]《非洲印象》[3] 的演出。

那精彩极了。在舞台上有一个人偶和一条微微移动的

1　加布里埃尔·布菲（Gabrièle Buffet, 1881—1985）：法国艺术家，皮卡比亚的第一任妻子。

2　雷蒙·鲁塞尔（Raymond Roussel, 1877—1933）：法国作家，对 20 世纪法国文学影响深远。尤其是他在作品中对双关语的使用方式对杜尚启发颇大。

3　《非洲印象》是鲁塞尔 1910 年出版的小说，之后被其改编为戏剧。1912 年春季在巴黎安托万剧院演出了三晚，杜尚、阿波利奈尔、皮卡比亚等人出席了演出。《非洲印象》对杜尚创作《大玻璃》提供了重要启发。

蛇，那绝对是一种出人意料的疯狂。文本我已经记不得多少了。人们也不怎么听。它震撼了我……

演出本身比其中的语言更让您震撼吗？

是的，的确如此。我在读过文本之后，才能把二者结合起来。

也许鲁塞尔对语言发出的挑战呼应了您对绘画发出的挑战吧？

你可以这么理解！我要的就是这个！

请您注意，我并不坚持！

不，我要坚持。决定这一点的并不是我，不过这非常好，因为这个人做了一些事情，真正具有兰波式的革新，具有某种裂变。象征主义甚至马拉美都再也不成问题了，这一切鲁塞尔本人完全没有意识到。之后，这个令人惊愕的人物，把自己关在他的旅行车里生活，[1] 好戏落幕了。

1　鲁塞尔在 1914 年之前完成了他的主要作品，之后开始环游世界。

您认识他吗？

很久之后，我在摄政咖啡馆[1]见过他一次，他当时在那里下棋。

下棋肯定让你们变得亲近。

机会并没有出现。他看起来非常"一本正经"，带着假领子，穿一身黑，非常森林大道[2]的感觉！一点没夸张。他很单纯，完全不是什么通灵者。在那时，我已经通过阅读和戏剧与他有过接触了。这就足够让我思考了，我没有跟他亲密来往的需求。重要的是一种态度，而不是什么影响，重要的是去搞清楚他如何做到这些，出于什么理由……

他拥有一段非凡的人生。最后自杀了……

在《正在下楼梯的裸女》中，难道没有电影的影响吗？

当然有。就是马雷[3]的那些东西……

1　摄政咖啡馆是全欧洲象棋爱好者的聚集地。

2　森林大道位于在巴黎凯旋门西南侧，从凯旋门一直延伸到布洛涅森林。巴黎最宽阔的大道之一，沿街全是巴黎上流人物的豪华府邸。杜尚以此为例，来形容鲁塞尔的一本正经。

3　艾蒂安－于勒·马雷（Étienne-Jules Marey，1830—1904）：法国科学家。他发明的摄影枪能在一秒钟内在同一张底片上连续曝光十二次，用来研究各类动物在运动时的姿态，在绘画方面影响极大。

高速摄影。

是的。我在马雷某本书的插图中看到他如何拍出那些正在击剑的人或奔跑的马，这个系统由许多虚线组成，这些虚线对不同的运动进行切割划分。他用这样的方式解释了"基础平行"[1]的概念。这种说法看起来很自大，但这很有趣。

正是这一点给我带来了制作《正在下楼梯的裸女》的念头。我在草稿中，但主要还是绘画的最后阶段，稍微运用了一下这种手法。这一切都以某种决定性的方式发生于1911年12月到1912年1月之间。同时，我还在自己身上保留了许多立体主义的东西，至少在色彩的调和方面。保留了一些我从毕加索和布拉克那里看来的东西。不过我尝试着使用某种略显不同的方法。

在《正在下楼梯的裸女》中，高速摄影的使用难道没有给您带来（也许一开始是无意识的），某种与感性美相对立的，人的机械化的想法吗？

是的，显而易见，确实有。这幅画里没有身体，只有一种被简化的人体解剖构造，上半身与下半身、头部、手臂

---

1 "基础平行"是杜尚自己发明的概念，参见前文。

与大腿。这是立体主义之外的另一种变形。在之前那些画面中的碎裂里，仅有一些思想方面的轻微影响。里头没有什么未来主义的东西，因为我当时不认识那些未来主义者。不过这并没有阻止阿波利奈尔把《忧伤男青年》称为具有"未来主义心境"。你去回顾一下卡拉[1]与薄丘尼[2]的心境吧。然而，我从来没有见过他们。可以说，这是用某种未来主义的方式进行的立体主义阐释……对我来说，未来主义者就是一群都市印象派，用他们对城市的印象取代了对自然风光的印象。我也多少被影响到了，被这些东西影响到是不可避免的，同时我也想要保留一些相当个性化的音色，用来干属于我自己的活儿。我之前和你说过的那种平行手法，在之后的画作《国王和王后被一群飞快的裸女包围》中也同样玩过，在制作它的时候比《正在下楼梯的裸女》更让我激动，不过并不像前一幅画作那么轰动。也不知道为什么。

在那之前还有一张《两个裸体：一壮一快》，一幅日期标注为 1912 年 3 月的铅笔素描。

我刚刚在博姆塞那里找过这个，因为我马上要去伦敦展

1　卡尔洛·卡拉（Carlo Carrà，1881—1966）：意大利未来主义画家。

2　翁贝托·薄丘尼（Umberto Boccioni，1882—1916）：意大利未来主义画家。

览它。1930 年一位律师跟我买了它。这张素描是为《国王与王后》进行的首次尝试，想法是一样的，1912 年 6 月就做好了，那幅画则是在 7 月和 8 月完成的。之后我就动身去慕尼黑了。

在《正在下楼梯的裸女》和《国王和王后被一群裸女穿过》（图 12）之间，是否存在某种关联？

非常少。不过毕竟是出于同样的思维方式，你可以这么理解。区别之处，显然是加入了强壮的裸体与飞快的裸体。也许这有点未来主义，因为在那时候，我已经了解了未来主义，我将其改换成了国王和王后。强壮的裸体是国王，至于那些飞快的裸体，都是一些在画面中相互缠绕的荡妇，没有任何解剖构造，不比之前更多。

您是怎么从《国王和王后被一群裸女迅速穿过》（图 13）转向《国王和王后被一群飞快的裸女穿过》[1] 的？

这是一个文学方面的游戏。"飞快"一词被用在体育运

---

[1] 《国王和王后被一群裸女迅速穿过》（*le Roi et la Reine traversés par des nus en vitesse*）和《国王和王后被一群飞快的裸女穿过》（*le Roi et la Reine traversés par des nus vites*）在法语中的区别在于，前者使用的是副词短语"迅速"（en vitesse），后者使用的是形容词"飞快的"（vites）。杜尚在 1912 年先后画出了《国王和王后被一群裸女迅速穿过》《国王和王后被一群飞快的裸女穿过》和《国王和王后被一群飞快的裸女包围》。

动里，一个人很"快"，说明他跑步出色。这让我觉得很好玩。"飞快"比"迅速"更加不受任何文学探索的拘束。

在《国王和王后被一群飞快的裸女包围》背面，您用一种非常学院派的方式描绘了《天堂中的亚当和夏娃》？

那是更早以前的作品，作于1910年。

您是故意画在这张画背面的吗？

是的，因为我当时没有其他能用的画布了，也没有足够的专业技术，不知道这样做会裂开，就像现在那样。这太奇妙了，它变得像一个拼图，人们都说它以后撑不了多久。

有一些非常出色的修复手段。

必须把颜料填到每一条缝隙里去，这可以做得到，但真是个要命的活计……你知道，它真的很像一件1450年的东西！

从1912年春到1913年春，您经历了一段高强度工作期。我们在这里记录一下其中十几幅重要作品：《两个裸体，一壮一快》《国王和王后被一群裸女迅速穿过》《国王和王后被一群飞快的裸女穿过》和《国王和王后被一群飞快的裸女包围》，还有《处女一号》《处女二号》《从处女到新娘的过程》，以及《新娘被她的单身汉们扒光了》的第一张习作、第一次钻研《单身机器》、第一次在纸上设计《大玻璃》，即《新娘被她的单身汉们扒光了，甚至》，还有《三种织补标准》和《巧克力研磨机》……

哎哟！

在《单身机器》[1]（图14）中，您再次使用了《咖啡研磨器》的主意，不过您放弃了曾经一开始所遵守的那些传统外观，以便建立一种个人化的空间度量与计算系统，这一点在您之后的作品中越来越重要。

我想那是在1912年年底。

1912年7月至8月您曾在慕尼黑暂住，在那里您做出了

1　杜尚这一阶段的作品命名体系较为复杂，比如，杜尚曾在纸面上设计了《单身机器》的草图，之后在《大玻璃》的下半部分进行了制作。又比如，他曾单独绘制过《新娘》《咖啡研磨器》《九个雄性恶搞模具》等，之后又以不同方式加入了《大玻璃》。可以说，《大玻璃》是杜尚对这一时期创作的综合。

《处女》的素描和《从处女到新娘的过程》。之后您回到巴黎，和皮卡比亚夫妇开车去了他丈母娘位于汝拉[1]地区的家里做客。

关于《新娘》的想法一直吸引着我。所以我先做了一张《处女一号》的铅笔素描，接着是第二张，《处女二号》，增加了一些薄涂和一点点水彩，接着是一幅油画，最后我想到了新娘和单身汉。我画的那些素描依然还在《正在下楼梯的裸女》的范围之内，与之后那些经过测定的东西完全不同。《巧克力研磨机》（图15）应该作于1913年1月。我们总是回鲁昂阖家团聚一起过节。我在卡尔姆路上的一家巧克力店里看到了这个巧克力研磨机。所以1月份回到巴黎后就把它搞出来了。

是在《单身机器》之前吗？

是同一时期，因为属于同一种念头，新娘即将从中现身了。我搜集了一些不一样的念头，将它们组合在了一起。最开始《巧克力研磨机》完全是画出来的，而到了第二个版本中，一根缝衣线不仅粘在颜料和清漆上，而且每一个交叉点都缝在画布上。1913年10月我从讷伊搬走了，在巴黎城里的圣伊波利特街安顿了下来，在一所新房子的小画室里。正是在这间画室的墙壁上，我画出了《巧克力研磨机》尺寸

1　汝拉（Jura）：位于法国东部，与瑞士接壤。

和位置精确的最终草图。不久之后，根据同一时期《织补网络》中塑造的草图，《新娘被扒光了》的第一张大图出现了。

这里面重叠了三种构图方式；首先是 1911 年秋季沙龙展出的《春天的少男少女》的放大复制品；接着是垂直意义上的《大玻璃》图样及测定的各种尺寸，不过比较凌乱；最后是水平意义上的《织补网络》……

您的思想逐渐向《新娘》与《大玻璃》中的尺度系统演变，对此您如何解释？

我用《咖啡研磨器》来解释。正是从它开始，我想到可以避开与绘画—图画传统的一切联系，甚至包括立体主义和我的《正在下楼梯的裸女》。

借助这一线性手段，或者这一技术手段，我得以从传统中解脱出来，最终摆脱了"基础平行"。就这样。说到底，我对改变有种癖好，和皮卡比亚如出一辙。我们把一件事做个一年半载，然后就转去干别的事了。皮卡比亚一辈子都是这么做的。

正是在那个时候，阿波利奈尔的《立体主义画家》一书问世了，其中有一个令人震惊的句子："也许将来会有某

74

个艺术家，和马塞尔·杜尚一样挣脱了审美的操劳，和他一样集中精力去让艺术与公众和解。"

我和你说：他在信口开河。没有任何东西可以带给他写下这种句子的念头。就算他有时候会猜测我之后准备做什么，但"让艺术与公众和解"，多么可笑！这完全属于阿波利奈尔！那时候我在团体里并不非常重要，于是他就觉得："我必须写一点关于他的东西，关于他对皮卡比亚的友情。"他想到什么就写什么，对于他自己来说大概很诗意，但里面既没有真实性又缺少精准的分析。阿波利奈尔很会应酬，他看到一些东西，就把它们想象成别的什么非常美好的东西，但这种断言是属于他的，跟我无关。

是的，因为在这个时期您几乎不关心与公众的交流。

我完全不在乎。

我注意到，在《新娘》之前，您的探索都表现为对时间延续性的图示和再现。而从《新娘》开始，我们的印象是动态运动停止了。这个过程有点像是部件取代了功能。

这相当准确。我完全忘掉了关于运动的想法，甚至包括以各种方式对运动进行记录的想法。这不再让我感兴趣了。结束了。在《新娘》里，在《大玻璃》里，我不断尝试寻找一个东西，它不会与之前发生过的事情产生联想。我一直有这样一种烦恼，不愿意去使用同样的东西。必须保持怀疑，因为我们都不由自主地被过去的事情侵入了。哪怕主观上并不愿意，也会在某个细节中表现出来。这正是一场坚持不懈的斗争，为了完成一次精确、彻底的裂变。

《大玻璃》（图16）构思的开端是什么？

我不知道。经常是一些技术性的东西。玻璃作为支撑物让我非常感兴趣，因为它是透明的。这就已经意味着很多东西了。然后是色彩，把色彩涂在玻璃上，从另一面也可以看到，如果把它密封起来，就会让它失去一切氧化的机会。色彩留下来了，想留多久就留多久，看起来一直很纯粹。这些都是由各种技术问题组成的，它们都有各自的重要性。此外，透视也非常重要。透视在此之前完全被忽略和贬低了，《大玻璃》构建出一种对透视的恢复。透视，在我这里，变得绝对符合科学规律了。

这再也不是写实主义的透视了。

不。这是一种符合数学与科学规律的透视。

它是基于各种计算的吗？

是的，也基于各种维度。维度是非常重要的元素。我放进去的东西，到底是什么，你能告诉我吗？我把故事、趣闻与各种视觉表现相融合（好的意义上），对于人们通常赋予画作的那种视觉性及视觉元素，我没那么关心。我已经不想去操心视觉语言了……

视网膜。

就是视网膜。一切都变得概念化，也就是说取决于视网膜之外的东西。

我们还有这样的印象：技术方面的问题似乎先于思想？

常常是这样。说到底，这里面的思想是极少的。主要是与我使用的各种部件相关的技术小问题，比如玻璃之类的。这一切都让我不得不认真制作。

令人好奇的是，您一直被视为纯粹依靠脑力的发明家，却一直在操心各种技术问题。

是的。你知道，作为画家，我们始终是某种匠人。

除了技术问题，您还涉及了很多科学问题，还有比例与计算问题。

一切绘画，从印象派开始，都是反科学的，甚至包括修拉在内。这就让我很有兴趣把科学精细准确的一面引入其中，这事做得不多，至少谈得不多。我这么做不是因为我热爱科学，相反，更多是用一种温和、清淡和无关紧要的方式去贬低科学。不过反讽已经出现在那里了。

在科学方面，很大一部分都是各种知识……

我了解得非常少。我从来都不是什么科学家。

真的这么少吗？由于您没有接受过理科教育，您的数学知识更令人惊讶。

真的，完全没有。当时让我们感兴趣的，是四维空间。在《绿盒子》[1]（图 17）里，有一大堆关于四维空间的笔记。

1　杜尚将其制作《大玻璃》期间写下的笔记等资料放在一个绿盒子里供人阅读，《绿盒子》本身也成为一件作品。

你还记不记得一个叫作波沃洛夫斯基[1]的人？他是波拿巴街的一个出版商。我记不清他的名字了。他在报纸上写过一些关于四维空间的科普文章，解释一些扁平的生物只有二维，等等。这非常有趣，即便是在立体主义时代与庞塞在一起的时候。

庞塞是个伪数学家，他也惯于使用反讽……

正是如此。我们都完全不是数学家，所以我们都很信庞塞。他给人一种知道很多东西的错觉。不过，我相信他是一所中学里地位低微的数学老师。或者在一所私立学校里。总而言之，在那个时候，我正试着阅读一些波沃洛夫斯基的东西，他当时在解释尺度、直线、曲线，等等。在我工作的时候，这些东西也在我头脑里工作着，尽管我几乎没有在《大玻璃》中加入计算。简单地说，我想到了一种"投影"概念，一种不可见的第四维，因为我们无法用眼睛看到它。因为我发现，我们可以弄出三维物体的投影图，无论什么物体——就像太阳在地球上的投影是二维的一样——通过简单的智力推理，我认为第四维空间可以投影出一个三维空间的物体，换句话说，我们冷眼旁观的一切三维物体，都是我们

1　加斯东·德·波沃洛夫斯基（Gaston de Pawlowski, 1874—1933）：法国作家，1911年出版《四维空间诸国之旅》，其中许多内容1908年开始便在报纸上连载。

所不了解的某种四维物体的投影。这有点诡辩，不过说到底，这是有可能的。我在《大玻璃》中以《新娘》为基础，就依据了这一想法，它们就仿佛是某种四维物体的投影。

您将《新娘》称为"延迟在玻璃中"。

是的。我很喜欢这些词语中诗意的一面。我想赋予"延迟"一种我甚至无法解释的诗性意义。这是为了避免说"一幅玻璃中的画""一张玻璃中的素描"或者"一个在玻璃上画的东西"，你明白吧？当时"延迟"一词很让我中意，就像找到了一个好句子一样。这真的很有诗意，在这个词最马拉美式的意义上，你可以这么理解。

在《新娘被她的单身汉们扒光了，甚至》中，"甚至"一词是什么意思？

通常来说，题目让我很感兴趣。我在这一刻变身为文学家。词语让我感兴趣。在许多靠在一起的词后面，我加了一个逗号和"甚至"，一个没有任何意义的副词，因为不是"他们自己"[1]，与单身汉或者新娘都没有关系。所以这是一个得到了

1 "他们自己"（eux-mêmes）与"甚至"（même）都有"même"。

最优美示范的副词。它没有任何意义。从句子的角度看，在诗学方面，这种反意义让我很感兴趣。它也很让布勒东喜欢，对我而言这是一种认可。的确，当我这么做的时候，我并不知道它有什么价值。当人们把它译成英语的时候，人们用的是"even"（"甚至"），这同样是一个纯粹的副词，在那里同样毫无意义。更何况扒光衣服的可能性了！这是荒唐的事情。

您似乎在这一时期非常重视语言游戏。

它让我感兴趣，不过那是一种非常轻淡的方式。我不写作。

是鲁塞尔的影响吗？

当然是，尽管这几乎不像鲁塞尔，不过他启发了我这样一个想法：我也可以在这些意义中，或者更确切地说在这些反意义中尝试一些东西。我当时甚至不知道他的故事，不知道他如何在一本小册子里解释了他的写作方式。他提到，从一个句子出发，他通过各种插入语来制造一场文字游戏。让·费里[1]有一本引人注目的书，为我阐明了很多鲁塞尔的

1　让·费里（Jean Ferry，1906—1974）：法国作家，1953 年出版专著《对雷蒙·鲁塞尔的一次研究》。

技巧；鲁塞尔的文字游戏具有某种隐藏意义，但不是那种马拉美式或者兰波式的意义，而是另一种层面的晦涩。

您停止了一切艺术活动，是为了彻底投身于《大玻璃》吗？

是的。活动对我而言都结束了。只有《大玻璃》让我感兴趣，而且很显然，展出我的早期习作是不可能的。我想从一切物质职责中解脱出来，我开始从事图书管理员的工作，这是一种社交借口，以便不再被迫抛头露面。从这个角度看，这正是一个非常明智的决定。我不再研究怎么作画、怎么卖画了，何况在我面前，我有了一件工作，需要我干上好几年。

我想，圣热内维耶尔图书馆每天给您五法郎？

是的，因为我是"志愿者"。为了消磨时间我也去文献学院听过课。

但您当时对待这些事还是非常严肃的吧？

因为我当时以为这会持续下去。我完全清楚自己永远也无法通过文献学院的考试，但我去那里是出于形式。这是某种脑力的姿态，反对艺术家被手奴役。同时我也在为《大玻璃》做打算。

使用玻璃的想法是怎么来的？

通过颜色。我画画时用过一大块厚玻璃作为调色盘，当时从另一面也看得到颜色，于是我想到，从绘画技巧的角度，这里面有些有趣的东西。绘画在完成之后，很快就会由于氧化而变脏、变黄、变旧。而我使用的这些颜色得到了彻底的保护，所以玻璃是一种可以让颜色留存得足够纯洁、足够持久且不发生变化的办法。我立刻就把这种关于玻璃的想法用在了《新娘》上。

玻璃难道没有其他含义吗？

不，不，完全没有。玻璃是透明的，可以最高效地体现严格的透视。它也去除了一切与"手"和材料有关的念头。我希望改变，希望拥有某种新方法。

人们对《大玻璃》给出了许多种阐释，其中哪一个是您自己的？

我没有阐释，因为我没有想法就把它做出来了。这都是一些逐渐出现的东西。总体的想法，纯粹单纯是制作，然后是对每个部分进行描述，式样就像圣埃蒂安武器局[1]的目录。这是对一切"美学"（在这个词的通常意义上）的拒斥。不会再去弄一个什么新的绘画宣言了。

这是各种经验的总结吗？

是的，各种经验的总结，完全没有被再搞一个绘画运动的念头影响到，印象派、野兽派，或别的什么"主义"。

那么您如何看待布勒东、米歇尔·卡鲁日[2]及勒贝尔对《大玻璃》的不同阐释呢？

他们每个人都赋予他们的解释以各自的特质，并不一定错，也并不一定对，很有趣，但只有在考虑到写下这些阐释的人时，才是有趣的，就和别的事情一样。人们为印象派写下的阐释也是如此。人们相信这个人或那个人，完全取决

1　圣埃蒂安武器局成立于 1764 年，是法国著名的武器制造厂，定期出版其生产的各种军械目录。

2　米歇尔·卡鲁日（Michel Carrouges，1910—1988）：法国作家、艺术批评家。20 世纪 50 年代与杜尚结识，主编了《单身机器》一书，对杜尚的作品进行谈论。

于他们与哪位作者更加亲近。

说到底，关于您，人们到底能写出什么东西，您根本无所谓。

不，不，这让我很感兴趣。

您读吗？

当然读。不过已经忘了。

令人惊讶的是，在这八年之中，从 1915 年到 1923 年，您成功地同时操心着许多事情，而这些事情的精神、构造、目的是完全对立的。正如《大玻璃》缓慢、渐进、严谨的制作过程，《盒子》对方法论的提炼，以及第一批现成品的肆意。

1913 年到 1914 年的《盒子》是不同的。我当时没有关于盒子的想法，而是想当作笔记。我认为可以把它们收在一个册子里，就像圣埃蒂安的目录一样，里面有一些相互没什么关联的计算和随想。有时候就是一些撕下来的碎纸片……我想让这本册子和《玻璃》搭配起来，这样大家就可以在看

《玻璃》的时候参阅，因为在我看来，它不应该从美学意义上观看。这两件东西的结合去除了一切我不喜欢的视网膜因素。这非常合乎逻辑。

您的反视网膜立场从何而来？

来自视网膜被赋予了过多的重要性。从库尔贝[1]以来，人们便认为绘画是针对视网膜的。这是一个所有人都犯过的错误。视网膜的快感！以前，绘画具有其他功能，可以是宗教的、哲学的、伦理的。即便我曾有幸采取过反视网膜的立场，不幸的是这并没有改变什么。整个20世纪都是属于视网膜的，只有超现实主义者曾经略微地尝试从中脱身。而且他们也没有脱身多远！布勒东徒劳地说，他相信自己从超现实主义的视角进行判断，但说到底，让他感兴趣的始终是那些视网膜意义上的绘画。这太可笑了。这一点必须改变，不能永远是这样子。

您的立场曾被视为典范，却几乎无人追随。

你为什么想让他们追随这种立场呢？又不能用这个挣钱！

1　居斯塔夫·库尔贝（Gustave Courbet，1819—1877）：19世纪法国画家，主张艺术应该以现实为依据。

您本可以拥有门徒。

不。这不是绘画学校，大家都去跟随一个老家伙，跟随一个大师。在我看来，这种姿态要高得多。

您的朋友们如何评价？

我只和极少数人谈过。皮卡比亚主要是一个抽象主义者，这个词就是他发明的。这是他的"达达"。我们经常在一起谈论达达。他脑子里只有这个。而我很快就从中走出来了。

您从来没有"抽象"过吗？

在这个词真正的意义上，没有。一幅像《新娘》那样的画作是抽象的，因为里面没有任何具象。但在"抽象"这个词的严格意义上，这并不是抽象。这是下意识的，你可以这么理解。

当我们看到抽象主义者们1940年以来做的东西，简直糟糕透顶，都是视觉的东西，他们真是整个儿掉进了视网膜里！

您是用反视网膜立场的名义拒绝抽象的吗？

不。我先拒绝了它，之后才意识到为什么。

您是如何应邀参加军械库展览[1]的？

通过瓦尔特·帕克[2]。他在 1910 年前后来到法国，结识了我的两位哥哥，在他们家里我遇见了他。然后，1912 年，当他正在负责为这次展览收集画作时，他为我们三兄弟留了一块足够大的地方。那时正是立体主义的全盛期。我们向他展示了手头留着的东西，然后就开始了。他拿走了我的四件东西：《正在下楼梯的裸女》《男青年》《下棋者肖像》和《国王和王后被飞快的裸女包围》。瓦尔特·帕克曾经把艾利·富尔[3]的作品翻译成英文。他还写过几本很棒的书。这个可怜人的不幸之处在于他是画家。他的画作与我们喜欢的东西毫无关系，让人难以忍受。不过作为一个人，他很有魅力。1914 年他又回到法国，正是他让我下定决心到美国去。战争已经爆发了。那是 10 月或者 11 月，我们坐在哥布林大道的一张长椅上。那天天气非常好，他对我说："为什么您不来美国呢？"他向我解释过，《正在下楼梯的裸女》已经

1 军械库展览即国际现代艺术展，1913 年在纽约举办，因场地为美国国民警卫队仓库而得名。该展览向美国人首次系统介绍了欧洲的先锋艺术，造成了轰动。成为美国当代艺术的起点。

2 瓦尔特·帕克（Walter Pach, 1883—1958）：美国艺术家、评论家。1913 年美国军械库展览的策划者，1915 年与杜尚等人共同创立了独立艺术家协会。

3 雅克·艾利·富尔（Jacques Élie Faure, 1873—1937）：法国艺术史家。帕克翻译过富尔的《塞尚》《艺术史》及《造型电影艺术》。

获得了成功，在那边我可以有个位置。这让我决定六个月之后动身。我已经退役了，但还是需要得到许可。

您在一夜之间成了《正在下楼梯的裸女》的代言人。您的四幅画全卖了出去，您是名人了。这一切都和您的超脱相矛盾……

这来自那么遥远的地方！我没有去过展会现场，我当时还在巴黎。我仅仅收到了一封信，说画作已经售出。不过成功并没有那么重要，这仅仅是当地的成功。我并没有赋予它什么重要性。《裸女》卖了二百四十美元，让我非常满意，当时这相当于一千两百金法郎，这是我之前的要价。也就是现在的十二万法郎。

这幅画能引起人们的兴趣，要归功于它的题目。人们不画正在下楼梯的裸体女人，这太荒唐了。现在这在你看来不再荒唐，是因为人们已经对此谈过很多了，但它还是新鲜事物的时候，尤其面对的是裸体，这就显得骇人听闻了。[1] 裸体必须受到尊重。至于宗教尤其是清教徒方面，也同样有一些攻击。所有这些造就了这幅画的轰动。当时大洋彼岸的许多画家都明确反

---

[1] 因为杜尚在这里要表现一个裸体下楼梯的过程，所以一切静态裸体本应该具有的肢体美和线条美都消失了，这与人们的视觉经验相冲突，运动中的裸体在画面中呈现出被分解和拉扯的状态。

对这幅画。这掀起了一场战争。而我从中受益了，就是这样。

隔着半个多世纪的距离，您自己怎么看待这幅《裸女》？

我很喜欢它。它比《国王和王后》更耐久。哪怕是在过去那些绘画术语的意义上，它也很致密，很紧凑，它画得很好，使用的那些性质稳定的颜料是一个德国人给我的。这些颜料表现得很好，这非常重要。

这种由于非议而取得的成功难道没有让您在法国画家们眼中变得有些可疑吗？

是的，大概吧，但不要忘了，他们并不知道多少东西。那个时候在美国和欧洲之间可没有像今天这样的国际交流，没有任何人谈论它，甚至报纸里也没有。这里或者那里出现一点点微不足道的回声，如此而已。在法国，这真的无人察觉。包括我自己也没有意识到这次成功对我的人生如此重要。抵达纽约时，我才发现自己完全不是陌生人。

您是一个注定属于美国的人。

这么说起来，是的。

您留在了那里。

就像重获新生。

有人说过，您是唯一一位唤起整片大陆去认识一种新艺术的画家。

北美大陆才不在乎这种事呢！我们当时待在一个非常有限的圈子里，你知道即便在美国也是如此！

当时您是否注意到，您对于美国人而言意味着什么？

没太注意。恼人的是，每次我遇到一些人，他们都会对我说："啊！画那幅画[1]的人就是您啊！"最有意思的是，在至少三十到四十年间，那幅画一直很有名，而我却没名气。没有人知道我的名字。在北美大陆上，"杜尚"这个词毫无意义。在画作与我之间没有任何联系。

没有任何人把这场非议与其肇事者联系起来吗？

1　指《正在下楼梯的裸女》。

完全没有，对他们来说没区别。当他们遇到我时，他们会说："不错！"但其中只有三四个人知道我是谁，尽管所有人都看过那幅画或者各种复制品，却不知道它是谁画的。我生活在那里，真的没有因为那幅画的名声而感到不爽，我藏在后面，隐匿自己。我完全被这个《裸女》埋没了。

这与您当时对于艺术家的想法极为吻合吧？

我当时很高兴。我从来没有因为这种情形而受过苦。相反，必须去回答那些记者们的问题时，我才感到难受。

就像今天？

就像今天！

《正在下楼梯的裸女》的藏家是旧金山的一个画廊老板，F.C.托里……

是一家中国古董店。他在战前来巴黎看过我，当时我给了他一张根据拉弗格诗歌制作的小素描，《正在上楼梯的裸女》，另外，这幅画不叫这个名字了，后来叫作《星辰依旧》。它表现了一个正在上楼梯的裸女，你知道，这是第一个与《正在下楼梯的裸女》相反的念头。我写上了一个愚蠢的日期，1912 年，其实是在 1911 年 11 月完成的。我在 1913 年把它亲笔题赠送给了托里。人们比较这些日期时会说："这不可能。"这种错乱很有趣。

在五年间，阿伦斯伯格一直想让托里把这幅素描卖给他。最终，托里同意了。我不知道阿伦斯伯格付了多少钱，对我来说这是一个秘密。我从未问过他。也许他也不该告诉我。但当时他肯定付了"大价钱"。

另外两幅展出的作品，《国王和王后》和《下棋者肖像》，被一位芝加哥的律师埃迪[1]买走了。

他也是个有趣的家伙！他是芝加哥第一个骑上自行车的人，也是第一个由惠斯勒[2]画肖像的人。这些都是他的声誉！他有个很重要的律师事务所，还有一批绘画收藏。他买了这一时期的很多抽象画，也包括皮卡比亚。这是个满头白发的老好人。他写过一本《立体主义与后印象派》，出版于

1　亚瑟·杰罗姆·埃迪（Arthur Jerome Eddy，1859—1920）：美国律师，艺术收藏家。他的著作《立体主义与后印象派》是第一本宣传这些新艺术运动作品的美国著作。

2　詹姆斯·惠斯勒（James Whistler，1834—1903）：美国画家。惠斯勒在追求自我艺术表达的同时也接受上流显贵的肖像画订制。

1914年，是美国第一本谈论立体主义的书。

这些人都很有趣，因为他们总是出人意料。他们不会为了买画的事交流。瓦尔特·帕克在他们之间牵线。

《三种织补标准》（图18）是由三个狭长的玻璃片组成的，上面有几块做背景的布条粘着三根缝衣线。它们全部封装在一个槌球盒里，您将其定义为"罐装的偶然性"。

关于偶然性的想法，那段时间很多人都在想，也同样打动了我。目的主要在于把手忘掉，因为说到底，即便是你的手，也属于偶然性。

纯粹的偶然性让我感兴趣，它就像是一种反对合逻辑的现实的方式：把一些东西放在画布上，或者放在纸张的某一端，再结合这么一个想法，把一根一米长的平拉直线从一米高的地方抛落在一个水平面上，形成它自身随意的变形。这让我觉得很有趣。永远是"有趣"这个想法让我决定去做各种事情，然后我重复了三遍……

对我而言，数字三很重要，但完全不是出于神秘主义的观点，而仅仅是从计数的角度：一是整体；二是双重，是二元性；而三是剩下的一切。一旦你接近了"三"这个词，你就会有三百万，它和三是一样的。

我决定把事情做三遍来得到我想要的。我的《三种织补标准》是由三次实验给出的，每次的形状都略有不同。我把线保留了下来，于是就有了变形之后的一米。你可以这么理解，这是罐装的一米，是罐装的偶然。把偶然保存起来，这多有趣。

您是怎么想到去选择一个批量生产的物品，一个"现成品"，去把它拿来做成一件作品的？

你要注意，我并不想把它做成一件作品。"现成品"这个词一直要到1915年我到美国以后才出现。它作为一个词让我挺感兴趣，但当我把一个自行车轮放在一张凳子上，车叉在下时，这里面并没有关于"现成品"的任何想法，甚至也没有什么别的东西，仅仅是一次消遣而已。我做这个并没有什么确定的理由，也没有展出或说明的意愿。不，这些都没有……

不过还是多少有些挑衅。

不，不。这很简单。你看《药房》（图19）。这是我在一趟黄昏中半明半暗的火车里做的，那是1914年1月我去鲁昂的路上。在风景画深处可以看到两盏小灯。一盏涂成红色，一盏涂成绿色，就像一家药房。这就是我脑子里的消遣方式。

罐装的偶然性也是这样吗？

当然。

我在一家艺术家配饰店里买了这张风景画。我只做了三张《药房》，但我不清楚它们现在都在哪里。原件归曼·雷[1]所有。1914年，我做了《酒瓶架》。我直接去市政厅百货[2]买的。在制作过程中，在瓶架上题字的想法出现了。在《酒瓶架》上有一些题词，内容我记不得了。当我从圣伊波利特街搬离，准备前往美国的时候，我的妹妹和嫂子把它们全都移走了，有人把他们丢进了垃圾堆，然后就没人再提了。一直到1915年，在美国，我做了另外一些用来题字的东西，比如《雪铲》，我在上面写了点英文的东西。"现成品"这个词当时对我而言必不可少，它看起来非常适合一些不属于艺术品、不属于草图、无法适用于艺术界通行的任何术语的东西。正是这些吸引着我去做现成品。

您是根据什么选择现成品的？

1　曼·雷（Man Ray，1890—1979）：美国艺术家，为当代摄影艺术的发展开创先河。1917年，杜尚、曼·雷与皮卡比亚在纽约一同开创了"纽约达达"。1921年，曼·雷移居巴黎，通过杜尚认识了巴黎的达达主义者和超现实主义者。

2　市政厅百货：巴黎最著名的百货商店之一，位于巴黎市政厅左侧，因而得名。

这取决于物件本身。通常来说，必须去抵制"观看"[1]。选择一个物件是非常困难的，因为要到十五天之后你才会喜欢或者讨厌它。必须带着一种冷漠抵达某个物件，就仿佛没有审美情绪。现成品的选择始终基于视觉的冷漠，基于好趣味或坏趣味的彻底缺席。

"趣味"对您而言意味着什么？

一种习惯。对已接受事物的重复。什么事反复做上好几次，就变成了趣味。无论好坏，都是一回事，始终属于趣味问题。

为了摆脱趣味，您怎么做的？

通过机械性的构图，它不承载任何趣味，因为它处于一切绘画传统之外。

您总是在抵抗实现……

抵抗实现一种具有美学意义的形式，实现一种形式或

1　原文为英语"Look"。观看意味着视觉经验，抵制"观看"，就是杜尚一直强调的"反视网膜"。

颜色，并且重复它们。

这是一种反自然主义的态度，不过您依旧使用各种现实中的物件。

是的，不过这些对我来说都是一样的，我并不担责。它被造出来了，造出它的人又不是我。这里面有一种自卫，我反对责任感。

您通过《三个雄性恶搞模具》[1]继续制作《大玻璃》……

不，有九个。

好吧。不过您最开始做了三个。几乎与《三种织补标准》同时，也许是出于同样的理由。

不，我最开始设想了八个，但我想到这不是三的倍数，与我对三的想法不符。于是我加了一个，就是九个。于是就有了九个雄性恶搞模具。它们是怎么来的？ 1913 年我做了一

---

1 《雄性恶搞模具》（moules mâlic）中的"mâlic"一词是杜尚的文字游戏，结合了"雄性"（mâle）与"恶搞"（malice）两个单词。因此译为"雄性恶搞模具"。

张草图，其中有八个模具，第九个还不在里面，要等到六个月以后才有。想法很有趣，因为这些都是模具。去给什么铸模？铸气体。也就是说，我把气体弄到了模具里，于是气体就有了骑士、百货公司送货员、警察、牧师、车站长等形状，他们都记在我的草图上。他们每个人都被安置在同一个水平面上，他们的性欲交汇于同一点。正是这一切帮助我在1914年到1915年间完成了那块名为《九个雄性恶搞模具》（图20）的玻璃。铸模的一面是看不见的。我始终避免去做那种可以触达的东西，不过一个模具倒无所谓，我不想展现的是内部。《九个雄性恶搞模具》都变成了铅红色。这些颜色不是画上去的，它们等待着有人给它们上色。我拒绝颜色：铅红是颜色，却不是一种颜色。那时候我搞的就是这类事情。

您曾把现成品比作某种预约。

是的，比过一次。当时，我总操心想要提前做点东西，想宣布"到了哪个时候我将做这个……"。我从来都没做过。我本该感到尴尬的。

1915年6月，当您抵达美国时，纽约是什么样子？

和巴黎不一样。有点土。当时有很多法国小饭馆，法国小旅馆，它们已经消失了。1929 年经济危机的时候一切都变了。开始收税了。人们不算计自己该付多少税就什么也干不了，就像如今在法国一样。然后有了各种联合组织。我看到了一点美国 19 世纪可能有的样子。

在绘画方面，当时学院派取得了胜利……

是的，是一群"法国艺术家"[1]。彻彻底底。当时画家们都去巴黎美院之类的地方求学。范德比尔特先生[2]1900 年来到巴黎，为了买一张布格罗[3]的画花了十万美元。他还花了六万美元买了一幅罗莎·博内尔[4]。其他人买了梅松尼尔[5]、亨纳[6]、萨金特[7]。真是上流生活。

军械库展览是否转变了美国人的看法？

1　20 世纪初，巴黎依然是世界艺术的中心，全世界的艺术家都去巴黎求学。杜尚将这些去法国学习的画家称为"法国艺术家"。

2　范德比尔特家族 17 世纪从荷兰来到美国，建立起航运和铁路帝国，直至 20 世纪中叶都是美国最富有的家族之一。

3　威廉-阿道尔夫·布格罗（William-Adolphe Bouguereau，1825—1905）：法国学院派画家，在世时于法国和美国都享有极高的名声，作品常常卖出天价。

4　罗莎·博内尔（Rosa Bonheur，1822—1899）：法国画家，以动物画出名。

5　欧内斯特·梅松尼尔（Ernest Meissonier，1815—1891）：法国学院派画家。

6　让·杰克斯·亨纳（Jean Jacques Henner，1829—1905）：法国学院派画家。

7　约翰·辛格·萨金特（John Singer Sargent，1856—1925）：美国画家，求学于巴黎。

当然。它改变了艺术家工作时的思想，同样地，它也在一个对艺术兴趣寥寥的国家唤醒了艺术这回事。以前只有有钱的精英们在欧洲买画。对于那些大藏家来说，根本不可能去买一幅美国油画。然而，这些藏家拥有过一个画家辈出的时代，非常有趣，也非常聪明，与欧洲这边发生的事情息息相关……

有人说，您刚到美国的时候就像一个蛮不讲理的传教士。

我不知道是谁说的，不过我同意！但是，我并没有那么蛮不讲理，而且我经常出入的圈子非常小！你知道，这个圈子非常平静，完全没有侵略性，完全没有反叛性。我们完全生活在各种社会或政治思潮之外。

亨利-皮埃尔·罗谢告诉我，您有某种吸引力。

哦，他很亲切。他刚一认识我，就喊我"维克多"，三小时之后，又叫我"托托"[1]。我这一辈子他都一直这么称呼我。我不认为可以把这种事情称为有吸引力。

---

1 "托托"是比利时漫画家埃尔热 1926 年出版的第一个系列漫画《托托历险记》中的主人公，之后在此基础上推出了享誉全球的《丁丁历险记》。

穿过《大玻璃》

后来您到了纽约。您当时二十八岁，您是《正在下楼梯的裸女》的著名作者，这幅画的名气不比您小。您刚一抵达，就结识了您最主要的美国藏家，瓦尔特·康拉德·阿伦斯伯格，后来他把您的所有作品都集中捐献给了费城美术馆。您当时是在什么情况下认识他的？

当我抵达纽约时，同在船上的瓦尔特·帕克立刻就把我带去了阿伦斯伯格家里。阿伦斯伯格已经知道我要到美国去，虽然对我一无所知，却很想见见我。我在他家里住了一个月，正是在那时我们产生了持续一生的友谊。之后，我给自己找了间画室。

他是个很棒的家伙，最开始是个诗人。这是个衣食无忧的哈佛男[1]，创作过意象派诗歌。在那个时候，纽约存

1　阿伦斯伯格毕业于哈佛大学，主修英语文学和哲学。

在一个英国诗派，意象派，他便是其中一员，诗派里还有一大群美国诗人，当时我也结识了他们。阿伦斯伯格很难写出特色，可怜的家伙。他比我略大一点，没大很多，他没有被足够迅速或者足够彻底地视作诗人，同样他也对诗歌倒了胃口。在1918年到1919年之间，他很快停止了写作。当时他产生了一种很奇妙的爱好——密码学，致力于用密码学去破解《神曲》中但丁的秘密，以及莎士比亚在其剧作中的秘密。你知道，这事情由来已久。谁是莎士比亚，谁不是莎士比亚？他把一辈子都花在了这上面。关于但丁，他弄出来一本书[1]，当然是他自费出版的，因为不可能有哪家出版社愿意出，接着他创办了一个协会，一个弗朗西斯·培根基金会或者诸如此类的东西，就为了证明莎士比亚的戏剧都是培根写的。

他的研究体系，是在文本里，从每三行文句中找出关于各种东西的影射。对他而言这就是个游戏，类似于下棋，令他乐此不疲。他有两三个女秘书和他一起工作，他去世后留下了足够的钱，以便她们可以在加利福尼亚租一间小房子继续研究莎士比亚。他就是这样的人。

1　1921年阿伦斯伯格出版了《但丁的密码学》一书，1922年又出版了《莎士比亚的密码学》。在其中阿伦斯伯格试图证明弗朗西斯·培根才是莎剧真正的作者。

这些研究在学术上有价值吗?

我不认为。我觉得这主要是游戏之人的信念。阿伦斯伯格为了让词汇表达出他想要的意思,对词义进行了歪曲,就像所有从事此类工作的人一样。

阿伦斯伯格是怎么听人谈到您的?

通过军械库展览。我一到美国,他就开始买我的东西。这并不容易,因为那些买主并不愿意把它们转卖。为了《正在下楼梯的裸女》,他花了三年。在1918年或者1919年把它买了回来。在此期间他还让我做了一张摄影复制品,我用色粉和中国墨水上了色。这并不是我最得意的东西……

您是在纽约认识亨利-皮埃尔·罗谢的吗?

是的,当他来的时候我还不知道战争委员会的事情。

他被派去执行任务。

的确如此,他有任务在身。我遇见他以后,我们一直是很好的朋友。不过他没有在纽约待多久。我留了下来,我当时没多少钱，想找份工作，就加入了法国军事考察团。我不是军人，仅仅是一位上尉的秘书，我向你保证这一点都不好笑。糟糕透顶。这个上尉是个蠢货。我在那里工作了六个月，然后有一天我离开了，我独自一人溜出了那扇该死的大门，为了每周挣三十美元实在不值得。

您在纽约怎么谋生呢？

在很长一段时间内，我在百老汇有一间画室，在一个有很多画室的房子里，类似巴黎的"蜂巢"[1]，或者诸如此类的地方。那里包罗万象，楼下有药房、电影院，等等。租金非常便宜，每个月只要四十美元。

我相信您当时在阿伦斯伯格家认识了"整个纽约"吧？

差不多。有巴尊、罗谢、让·克罗蒂[2]、作曲家埃德加·瓦莱斯[3]、曼·雷，当然还有很多美国人。接着皮卡比亚到了……

1　"蜂巢"（La Ruche）：巴黎蒙马特的一个艺术家集体公寓，定期举办向公众开放的艺术展。

2　让·克罗蒂（Jean Crotti，1878—1958）：法国艺术家，1917 年做过一个杜尚头像的雕塑作品。1919 年与前妻离婚并立即与杜尚的妹妹苏珊娜结婚。

3　埃德加·瓦莱斯（Edgard Varèse，1883—1965）：法国作曲家，被称为"电子音乐之父"。

您一定见过阿尔蒂尔·克拉文[1]吧?

他是 1915 年年底或者 1916 年到美国的。他很少露面,因为他有需要负责的军务在身。大家都不知道他做过什么,也不愿意多谈,也许他为了打入墨西哥的军营偷过一本护照,这都是些人们不聊的事情。他结婚了,至少是和米娜·罗伊[2]"姘居"了。她是那个英国意象诗派中的女诗人,也是阿伦斯伯格的朋友,现在还生活在亚利桑那州。他们有个孩子,也生活在那里。阿尔蒂尔·克拉文带着米娜去了墨西哥,有一天他独自驾着一艘小艇出海,然后就再也没回来。米娜去过所有的监狱寻人,因为他是一个出色的拳击手,个子很高,她觉得他不可能在人群中躲藏,一眼就能认出他来!

他再也没被找到吗?

再也没有。他是个好玩的家伙。但我不太喜欢他,他

1 阿尔蒂尔·克拉文(Arthur Cravan,1887—1918):瑞士诗人、艺术评论家,总是以挑衅者的姿态面对艺术与文学。1916 年至 1917 年间生活于纽约。1918 年在墨西哥遭遇海难失踪。

2 米娜·罗伊(Mina Loy,1882—1966):英国诗人、画家、剧作家。1915 年在阿伦斯伯格的资助下与杜尚、曼·雷等人一起在纽约创办了《其他》杂志。作品以激进的方式探索女性意识。1917 年,她遇到了克拉文,并于 1918 年与其在墨西哥城结婚。怀有身孕后克拉文因海难失踪。

也不太喜欢我。你知道，在 1914 年的独立艺术家沙龙中，正是他语出惊人，对每个人出言辱骂，尤其是对索尼娅·德劳内[1]和玛丽·罗兰珊[2]，他也因此惹上了麻烦……

您常常与美国画家来往吗？

是的，他们习惯于每周在阿伦斯伯格家聚会三四次。我们一起下棋——阿伦斯伯格经常下棋——主要是我们威士忌喝得不少。午夜前后，大家一起吃蛋糕，晚会一直到凌晨三点才结束。有时候真的是宿醉，但终归不是每一次……那是真正的艺术沙龙，也相当有趣。

对这些画家而言，您代表了什么？

我不知道。我可能是一个对事物的外表做出过一点点改变的人，帮助过举办军械库展览。对他们而言，这很重要。

1　索尼娅·德劳内（Sonia Delaunay，1885—1979）：法国艺术家。罗贝尔·德劳内的妻子。

2　玛丽·罗兰珊（Marie Laurencin，1883—1956）：法国画家、版画家，巴黎先锋派的重要人物，立体派成员之一。阿波利奈尔的女友。

您与军械库展览的启示有关联吗？

有，完全有关。对于所有艺术家而言。另外在他们之间并不仅有那些"已经功成名就"的人，还有一些比我年轻得多的年轻人，他们非常有意思。当时其中一些年轻人已经组成了一个抽象派画家的团体。最有意思的是亚瑟·德芙[1]，还有摄影师斯蒂格利茨[2]，斯蒂格利茨的气质倒是更像哲学家，很像苏格拉底那一类人。他总是用非常说教的方式讲话，当然他的决定很重要。一开始我没觉得他很有趣，有一说一，当我到美国时，他也不怎么喜欢我，我给他的感觉更像是个江湖骗子。他和皮卡比亚关系很好，他们是在1913年认识的，后来他改变了对我的看法，我们成了很好的朋友。这些事情都是无法解释的。

您在美国做的第一个现成品叫作《在断臂之前》（图21），为什么？

那是一把雪铲，我的确在上面写了这句话。很显然，我希望这没有任何意义，但是说到底，一切最终都会拥有一个意义。

1　亚瑟·加菲尔德·德芙（Arthur Garfield Dove，1880—1946）：美国早期的现代派画家，通常被认为是第一位美国抽象画家。

2　阿尔弗雷德·斯蒂格利茨（Alfred Stieglitz，1864—1946）：美国摄影师和现代艺术促进者，使摄影成为一种公认的艺术形式。

当人们看到它的时候，它就有了意义。

正是如此。不过我认为，尤其在英语中，它真的没什么重要性，没有什么可能存在的关联。当然，联系很容易找到：铲雪的时候会折断手臂，但这多少有点过于简单化，我不认为它会引人注目。

在《带着隐秘的噪音》（图 22）中，您用四颗长螺丝固定了两块铜板，中间夹着一个紧密的线团，这件作品中是否也有同样的意图呢？

名字是后来才有的。那是 1926 年的复活节，我做了三个现成品，后来都搞丢了。其中有一个留在了阿伦斯伯格家里，他把两块板分开之后放了什么东西进去，重新拧紧螺丝以后就会发出噪音……我从来都不知道那是什么。那噪音对我来说是隐秘的。

《带着隐秘的噪音》是第一件合作完成的现成品，上面刻有一些故意让人难以理解的铭文。

它们一点也不难理解。它们是一些缺少字母的法语和英语单词。就像一些路边广告牌上的单词，有时候掉了一个字母……

至少读起来很难理解：P. G. ECIDES DÉBARRASSE LE.
D.ESERT. F.URNIS. ENT AS HOW. V.R. COR. ESPONTS…[1]

把它们恢复原状会很有趣，也绝对很容易。

1916 年 4 月，您在纽约参加了名为"四个火枪手"的
展览。其他三位艺术家分别是克罗蒂、梅金杰和格列兹。你
也是独立艺术家协会的创始人之一。在该协会的第一次展
览[2]上，您送去了一件命名为"泉"的陶瓷小便池，署名者
是"R. 谬特[3]"，但被拒收了。

1　这些词语被刻在《带着隐秘的噪音》表面，这句看似不通顺的话是杜尚留给观
众的一个填词游戏，填入字母的可能性不止一种。虽然这里卡巴纳很想问出杜
尚的原句是什么，但杜尚却很巧妙地保护了这个谜题，杜尚并不想给出准确
答案，他把乐趣留给了观众。可能性较高的答案是，"Pig decides débarrasse les
déserte fournissent as however corresponds"。

2　由杜尚等人在美国成立的"独立艺术家协会"，举办的展览叫作"独立艺术家
沙龙"，与法国传统的"独立艺术家沙龙"同名，为了方便读者区分，在本书
中将美国的展会译作"独立艺术家展览"。

3　字母"R"是独立艺术家展览中展出顺序的首字母。当时独立艺术家展览设计
布展顺序时，抽签了一个幸运字母作为展出的首字母，结果是"R"，如果杜尚
的《泉》能允许被展出的话，那应该是独立艺术家展览的第一件作品。"谬特"
（Mutt）在英语中有"杂种，傻子"的含义。杜尚用这样一个充满讽刺的名字
给小便池签上了字。

不，没被拒收。独立艺术家协会不能拒收任何作品。

总之它没有被采用。

它仅仅是被删掉了。当时我也在评委会里，但却并没有人征询我的意见，因为那些工作人员不知道之前是我把它寄过来的。我写上"谬特"这个名字正是为了避免它与各种私人事务的关联。《泉》（图23）被草草放在一面隔板后面，整个展览期间，我都不知道它在那里。我不能说把这个物件寄过来的人是我，但我觉得组织者们通过流言蜚语应该已经知道了。没人敢谈论这件事。我和他们闹翻了，因为我退出了组织。展览结束之后，我们在隔板后面找到了《泉》，然后我把它拿了回来。

这和您在1912年巴黎独立艺术家沙龙上的遭遇大致相同。

确实如此。我从来做不出什么能让人立刻接受的东西。不过这对我而言无关紧要。

您现在这么说，可是当时……

不，不，恰恰相反。不过当时还是相当挑衅的。

好吧，既然您求的就是非议，您当时满意吗？

在这个意义上，确实是一次成功。

如果《泉》被好好接受了，您反而会觉得失望吧……

差不多。当时那个样子，我很开心。而且说到底，我几乎没有那种画家的传统心态，他们展出自己的画作，就是想要被接受，然后得到批评家们的赞美。从来就没有什么批评。从来就没有什么批评，因为小便池没有出现在展览目录之中。

阿伦斯伯格还是把它买下了……

是的，后来他把它搞丢了。之后我们根据一个同样大小的复制品重做了一个，那个复制品现在在施瓦茨[1]手里。

您第一次听人谈起"达达"是什么时候？

通过查拉[2]的一本书：《安替比林先生的第一次天堂历

1　阿图罗·施瓦茨（Arturo Schwarz，1924—2021）：米兰著名画商，与杜尚关系密切，曾在杜尚默许的情况下复制了许多杜尚的现成品进行售卖。

2　特里斯唐·查拉（Tristan Tzara，1896—1963）：罗马尼亚诗人。1916年在瑞士苏黎世创立了达达主义。之后查拉于1920年前往巴黎宣扬达达主义，并对布勒东引领超现实主义运动有所启发。

险》。我想早在 1916 年年底或者 1917 年他就把书寄给我和皮卡比亚了。它让我们很感兴趣，但我当时不知道谁是达达，甚至不知道这个词的存在。皮卡比亚动身回法国后，我才从他的信里得知达达到底是什么，不过这就是当时唯一的交流了。后来，查拉在苏黎世展出了皮卡比亚的一些东西，皮卡比亚在回美国之前专门去了苏黎世……从旅行的角度看，皮卡比亚的故事非常复杂。他在 1915 年年底抵达美国，还没待上三四个月，又去了西班牙的巴塞罗那，在那里创办了《391》杂志。1918 年，在瑞士洛桑，他联系上了苏黎世的达达主义团体。

在此期间他回过美国吗？

回过，1917 年。他在美国出版了两三期《391》杂志。

这是达达主义精神在美国的第一个宣言。

绝对是。它非常激进。

哪种类型的激进？

反艺术。尤其涉及对艺术家行为的质疑，那些被人观察到的行为。技法和各种传统事物的荒诞性……

这给了您在阿伦斯伯格与罗谢帮助下亲自出版两本小杂志《盲人》[1] 和《错上加昔》[2] 的念头。

不过你知道，这完全不是我们看过那些达达的东西才做出来的；相反，那是在 1917 年的独立艺术家展览期间，皮卡比亚也参展了。

这终归是达达的精神。

它们是平行的，你可以这么理解，不过没有什么直接影响。这不是达达，但具有同样的精神，可又不属于苏黎世人的精神，尽管皮卡比亚在苏黎世做过一些东西。即使在印刷方面我们并不是非常创新。《盲人》主要是对"泉—小便池"的辩护，我们出版了两期，在这两期之间，有《错上加昔》这个小册子，它和《盲人》相当不同。总的来说，那里头空无一物，一无所有，出人意料。只有一些小东西，有一

1　《盲人》是一本于 1917 年在美国纽约创办的有关达达主义艺术的杂志。

2　《错上加昔》(*Rongwrong*) 是一本于 1917 年 5 月创办于纽约的达达主义杂志，只发行过一期，杜尚曾想用 "Wrongwrong"（《错上加错》）作为杂志标题，但错印成了 "Rongwrong"，少了一个字母，但他以达达的方式接受了这个错误。故中文意译为《错上加昔》。

些美国漫画家画的管子，画了一些创意，例如枪管弯曲向角落射击的来复枪。没什么大不了的，只有一些难以描述的东西，当你有机会看到它的时候，才会想到一些什么。我这里没有，我从来不保存它们。我知道有那么几册依然残存于世，在一些私人藏品里。后来，1919年3月，曼·雷出版了另一本杂志，《爆破性炸药杂志》，也没有维持多久。他是和雕塑家阿道夫·沃尔夫[1]合办的，沃尔夫后来被当作无政府主义者关了起来。

这些杂志还是取得了成果：您的《泉》变得和《正在下楼梯的裸女》一样出名了。

确实如此。

这样的名气似乎并没有给您带来什么经济方面的好处吧？

没有，从来没有！

那么您希望得到好处吗？

1　阿道夫·沃尔夫（Adolf Wolff，1883—1944）：美国视觉艺术家、雕塑家，也是无政府主义和社会主义者。

我既不希望也不谋求，因为这不是卖东西的问题。从1915 年到 1923 年，我一直在做我的《玻璃》，在彻底完成之前，它是没法卖的，你看……我偶尔会卖几幅巴黎时期的画作，阿伦斯伯格一张接着一张把它们都买下了……他还从托里那里买下了《正在下楼梯的裸女》。

您知道他付了多少钱吗？

不知道，这不让我感兴趣。我从来不知道价格，就像那个《带着隐秘的噪音》一样，价格是隐秘的！

他肯定花了不少钱，因为大家都在周围大肆宣扬，但所有这些钱根本与我无关。

您曾经为了糊口去教法语课……

我为此付出过很多；这并不是为了赚钱，不过一小时挣两美元确实可以糊口。我去那些学生家里，他们都很有魅力，带我去剧院，有时候还请我吃晚饭……我是法语教师！就像拉弗格一样 [1]。

1　拉弗格曾经给德意志帝国皇后奥古斯塔·冯·萨克森－魏玛－艾森纳赫（Augusta von Sachsen-Weimar-Eisenach，1811—1890）做过私人外教，负责每天为皇后朗读法文小说与报刊杂志等。

我相信这样的行为会让美国人感到非常惊讶。

是的，因为当时即便不像现在这么物质主义，也已经相当物质了。不过这种行为并没有让一些人尤其是我的朋友们吃惊。我不是那种每隔两年就做个展览出售自己画作的画家。不过就像你之前说的，我还是和克罗蒂、格列兹与梅金杰一起搞过一个展览。那是 1916 年在蒙特罗斯画廊。格列兹当时相当幼稚，他希望在百老汇找到牛仔！他在纽约待了一年半。那时候纽约还没有现在这样的艺术品市场，画也不是这么卖的。画商很少，只有那么三四个而已。完全不是今天这样的狂热氛围。

我们有这样一种印象：您既融入了某种上流社会的生活，同时又可以全身而退。

是的，的确如此。"上流社会"这个词有点夸张了，你可以这么理解，主要还是沙龙，文学沙龙。当时这种沙龙并不多，不过可以在那里遇见一些有趣的人，比如凯瑟琳·德雷尔[1]，我和她一起建立了匿名者协会[2]。我是在 1917

1　凯瑟琳·索菲·德雷尔（Katherine Sophie Dreier，1887—1952）：美国艺术家、艺术赞助人，收藏了杜尚的《大玻璃》。

2　匿名者协会 1920 年由杜尚和曼·雷等人一起创立，1920 年至 1940 年间举办了八十多场展览，主要展出立体主义和抽象艺术作品。

年认识她的，她帮忙组织过独立艺术家展览。我记得她也是评委之一。她是德国人，起码有德国血统，这给她带来过一些麻烦。

那是在美国参战的时候吧？

是的，确切地说是在 1917 年。她买了一些我的东西，不过她对德裔艺术家的作品特别感兴趣。战后，当她去欧洲为匿名者协会收集藏品的时候，她买下的主要是德国表现主义的东西。所有这些人今天都很热门，而当时我们却完全不了解。她创立了这个匿名者协会，由我和曼·雷担任副主席，收集了相当重要的现代艺术藏品，量不大，却代表了这个时代。康定斯基[1]和阿奇彭科[2]都包括在内。我们总共有四五个人。

没有皮卡比亚吗？

没有。我们展出过他的东西，但他并不是协会成员。

---

1 瓦西里·康定斯基（Wassily Kandinsky，1866—1944）：俄裔画家和艺术理论家，是抽象艺术的开拓者之一。

2 亚历山大·阿奇彭科（Alexander Archipenko，1887—1964）：美国前卫艺术家、雕塑家和图形艺术家。他是最早将立体主义原理应用于建筑的人之一。

关于匿名者协会的主意是您想出来的吗?

不,名字是曼·雷取的。目的是实现一个永久的国际性收藏,之后将其捐赠给博物馆。到 1939 年为止,总共举办过八十四场展览,另外还有会议、出版物,等等。

这些藏品后来怎么样了?

战争期间[1],它们都进了耶鲁大学美术馆。

这种把艺术品收进博物馆的想法终归是相当反杜尚的。您不觉得您在自我否定吗?

我这么做是出于友谊,并不是我的个人想法。同意成为评委会成员,去决定对作品的选择,这一事实完全没有干涉我本人对这一问题的观点。还有,帮助这些艺术家在某个地方被人看到,这是好事。相比其他东西,这主要是一种哥们义气,我没把这事太当真。说到底,从来就没有什么博物馆。要拥有一个私人博物馆很贵,太贵了,因此解决办法就是把这些东西全部送给耶鲁大学。多年来,凯瑟琳·德雷尔

---

1 指第二次世界大战期间。

常常在欧洲旅行。她时不时就会买些作品回来。不过，她是1929年经济危机的受害者，在那之后她就没有足够的钱用来买画了。尤其当时这些画的价格已经开始上涨了。

那么您当时在纽约怎么谋生呢？

你知道，我们从来都不知道自己是怎么生活的。我不是那种每个月开销很大的人，那真的是波希米亚式的生活，在某种意义上，镀上了一点点金光，甚至有些奢靡，你可以这么理解，但那依旧是波希米亚式的生活。我们常常口袋里空空如也，但这根本不重要。必须要说，那时候在美国生活可比现在容易多了。哥们义气普遍存在，而且我们也并不大手大脚，在非常便宜的地段租房住。你明白吗，我甚至无法多谈，因为纽约的生活不足以让我震惊到开口说："我过得很惨，过着猪狗般的生活。"不，完全不是。

战前，您在巴黎比在纽约更加"边缘"，然而在纽约您是个外国人。

事实上，恰恰因为《正在下楼梯的裸女》，我在纽约并不是边缘人。当有人介绍我时，我永远是那位画出《正在下楼梯的裸女》的先生，而人们也就知道他们正在和谁说话了。

在巴黎，我谁也不认识，我当时几乎不认识德劳内——甚至可以说完全不认识他，直到战后我才和他见了面。1912年，我见过布拉克一两次；至于毕加索，也就是见见而已，我们之间没有交换过任何看法。所以我显然是待在一边的，我当时是圣热内维耶尔图书馆的管理员，之后有了我在圣伊波利特街的画室，不过那也不是什么真正的画室，但它在顶楼，光线充足。我在那里就已经开始搞我的《玻璃》了，我知道将要干上很久。我完全不打算去公开展出或者去弄什么绘画作品，无意拥有某种画家的生活。

然而，相比巴黎，您在纽约更容易接受那种艺术家的生活。

我在纽约被视作一位艺术家，我也接受这种看法。人们常常来我家里看我，他们都知道我在搞我的《玻璃》，我也从没有隐瞒过。

1918 年，您去了布宜诺斯艾利斯。

是的，我动身了，为了去一个中立国家。你知道，自从1917 年，美国一直处于战争状态，我离开法国，说到底就是因为缺少军国主义思想。也可以说缺少爱国主义思想，你可以这么理解。

而您又陷入了一种更糟糕的爱国主义！

我陷入了美国的爱国主义，它确实是最糟糕的。不过在离开美国之前，我必须申请许可，因为即便在那里我也会被征召入伍。有几种类别，"ABCDEF"，"F"指的就是在紧急情况下需要被动员的外国人。我属于"F"类，因此我请求前往布宜诺斯艾利斯的许可。他们非常友好，给了我六个月时间。1918 年六、七月间，我离开美国，为了找到一个叫作阿根廷的中立国家。

去的时候您带了一些您称作"旅行雕塑"的东西……

是的，旅行雕塑，说到底它们其实是两种东西。一个是缩小的《玻璃》，现在收藏在纽约现代艺术博物馆，已经碎了，名字叫作《用一只眼睛近距离观察一小时左右》（图 24）——一个为了把事情搞复杂，通过文学方式加长的句子。另外还有一些橡胶材质的物件。

它们实际上是悬挂在天花板上的颜色不同、大小相异的橡胶薄片……

它们自然而然地占满了整个房间。大体上是些橡胶浴帽的碎片，我把它们剪了下来，又粘在了一起，没有什么特殊的形状。每一块薄片底端都有一根细绳，系在房间的四个角上。因此，我们进入房间后无法走动，因为这些细绳阻止你这么做。我们可以改变细绳的长度，形状是随意的，正是这一点让我感兴趣。这场游戏持续了三四年，橡胶老化了，游戏便消失了。

在动身前往布宜诺斯艾利斯之前，您为凯瑟琳·雷德尔画了一张画，是您五年来的第一张画，名字叫《你让我》[1]（图25）。它也是您的最后一张画作。《绿盒子》里的一条笔记，明确说明当时您特别关心影子的问题……

在这张画中，我画了一个自行车车轮的影子，在上方画了旗手的影子，还有一个开瓶器的影子。我找到了一种很容易照出影子的提灯，把影子投射到画布上，再亲手描画出来。另外，在画面正中间，我专门让一位画广告招牌的人画上去一只手，我还让那个老好人签了名。

它是对我之前做过的各种事情的一次总结。标题没有

1　法语标题为"Tu m'"，意思是"你让我……"，缺少动词，是杜尚故意留下的空白。其中，根据法语语法规则，"m'"表示后面跟上的动词以元音开头。

任何意义。您可以在"你让我"后面加上任何你想要的动词，只要动词以元音开头就可以了……

您在完成《大玻璃》之前就把它卖给了阿伦斯伯格，是为了生存吗？

严格意义上说我没有卖过它，因为我从来没有碰过阿伦斯伯格的钱。他帮我付了两年房租，然后他把《大玻璃》卖给了凯瑟琳·雷德尔。

所以，《大玻璃》归他了？

是的。当然归他了，他是通过每个月帮我付房租的方式给我付款的。我估计他把《大玻璃》卖了两千美元，这在当时真的不算多——哪怕现在也不算多——何况它还没有彻底完成。我还在《大玻璃》上搞了很久，一直弄到1923年。

每次您和我谈起您的某一幅作品被卖掉了，我都会有这种印象，您连一个美元都没有领到！

我从来没碰过钱，无论什么时候……

那么您怎么生活呢？

我对此一无所知。我教法语课，还卖过几幅画，比如《奏鸣曲》，一幅接着一幅……

以前的画作？

以前的画作。我甚至把另一块《玻璃》从巴黎运了过来，一块半圆形的《玻璃》[1]，也卖给了阿伦斯伯格。

说到底，是您的过去让您得以生活下去。

所幸如此。当时我挣了几个小钱。当我们年轻时，我们根本不知道如何谋生。我没有妻子，没有孩子，没有"包袱"，你明白吧？人们总是问我如何谋生，但我们根本不知道，不过我们活下来了。生活照旧运行。有些人帮助过我。我从来没有借过很多钱，除了时不时借一点小钱。

请注意，在那个时代艺术家们并不以被供养为耻。

1　即杜尚创作于 1913 年至 1915 年间的《装有类金属材质水磨的滑动装置》。

我们当然很清楚有些人能挣大钱，这些人也很清楚存在着一群自称为艺术家甚至工匠的人，他们没法养活自己。于是这些有钱人就去帮助他们。帮助他们是富人的美德。这是君主制时期就存在的概念，在民主之前的所有时代都是这么做的，去保护艺术家，保护艺术，等等。

您在布宜诺斯艾利斯生活了九个月，在此期间，您得知了杜尚–维永和阿波利奈尔去世的消息。

阿波利奈尔是在 1918 年 11 月[1] 去世的，我哥哥雷蒙在那之前，我想大概是在 1918 年 7 月左右[2]。从那一刻起，我就开始想回法国了。我四处奔走，去找船什么的。哥哥的离世令我震惊。我知道他病得很重，但一直不知道到底病重到什么地步。他的病被称为某种血液中毒，已经持续两年了，到处都是脓肿，最后是尿毒症。不过细节方面我了解得不及时。他当时住在戛纳，那是战争时期，通信不多。最后我在1918 年回法国了。

不，您是 1919 年 7 月回来的。

1　阿波利奈尔过世于 1918 年 11 月 9 日。

2　雷蒙·杜尚–维永过世于 1918 年 10 月 9 日。

对，是这样，我过了挺长时间才回去。

在回去之前，您得知了您的妹妹苏珊娜与让·克罗蒂新婚的消息，然后您给她寄去了一个您称作《不幸的现成品》的东西。

是的，那是一本几何学概论，需要用几根细绳挂在他们孔达米纳街公寓的阳台上。风查阅书籍，亲自选择各种几何问题，吹散页面并将它们撕碎。苏珊娜为此做了一张小画：《马塞尔不幸的现成品》（图26）。残存下来的就剩这幅画了，因为风把其他的都撕碎了。我把幸福与不幸的概念引入了现成品之中，这让我觉得很有趣，然后下雨、刮风、纸页翻飞，这是个有趣的主意……

对于一场婚礼而言，这总归是很有象征意义的吧。

我甚至没想到这方面。

您肯定发现巴黎变化极大吧？

非常困难，非常好玩，非常新奇。我是从英国绕道回来的，我回巴黎总是这么走，我记不得自己有没有去伦敦找我妹妹了。我有皮卡比亚家的地址，在埃米尔-奥吉耶街，这是我在蒙马特或者十七区第一个要找的。我没找到，天气很热，我就像个可怜的穷人。街上空无一人。为了在埃米尔-奥吉耶街上找到皮卡比亚真把我害惨了。我认识他的时候，他还住在夏尔-弗洛凯大道战神广场那边的房子里，当时都是新盖的。

您回来之后，最先在巴黎见到了哪些人？

皮卡比亚，几乎都是跟他有关的人，因为他家有个文学沙龙，他接待了科克托那帮人，他们都去皮卡比亚家看他。我在那里见到了大家。查拉也到了，我感觉就在我抵达之后不久，我不太确定……那里还有里伯蒙-德塞涅[1]，皮埃尔·德·马索[2]，雅克·里戈[3]，等等。里戈非常热情，是个很敞亮的人。他也是达达分子，你可以这么理解。也正是在那段时间我认识了阿拉贡[4]，在通往歌剧院的大道上。

1 乔治·里伯蒙-德塞涅（Georges Ribemont-Dessaignes，1884—1974）：法国作家、诗人、剧作家和画家，1920 年开始德塞涅几乎参加了达达的所有运动。

2 皮埃尔·德·马索（Pierre de Massot，1900—1968）：法国作家。

3 雅克·里戈（Jacques Rigaud，1898—1929）：法国作家，参与过达达主义运动。

4 路易·阿拉贡（Louis Aragon，1897—1982）：法国作家，超现实主义运动的创始人之一。

对您而言，里戈代表了战后的年轻一代。另外他在行为举止和精神气质方面也和您很接近……

在我们之间有一种强烈的共通感。里戈没有布勒东那么古板，没有那种把一切都套入公式与理论中的欲望。和他在一起比跟别人在一起更加快活，其他人的破坏行动都非常系统化。

对于那个时代的年轻人而言，您代表了什么？

好吧，我不知道。我比他们大十岁，这非常重要。我比他们大十岁，皮卡比亚比他们大十二三岁，我们都已经是些老人了。不过，我们在这些年轻人眼中，依然代表着某种革命因素。在立体主义者之中我们就已经是这样的角色了，1912 年到 1913 年间那些立体主义者并不怎么喜欢我们。皮卡比亚和我，我们都是漏网之鱼，没有随波逐流，你明白，带着某种独立自主。我相信这就是让年轻人喜欢的地方，他们发现我们代表了一种他们想要表达的精神，正是这吸引了他们。

肯定还因为在您身上有一种关于冒险的概念，这一点应该也打动了他们。您在纽约的冒险。

是的，毫无疑问，从实践的角度看，从运动的角度看，我们做了一些和其他画家稍微有点不一样的东西。这就是为什么大家可以立即交换意见，书信往来和建立友谊。

还有，借助您由《蒙娜丽莎》引起的非议，您非常明确地给出了反叛的基调。

那是在 1919 年……

就在您再次动身前往美国之前。

是 1919 年 10 月。当时我对《蒙娜丽莎》做了什么？什么都没做。我只不过画上了一个八字胡和一把山羊胡而已，就这么多。而且我没有在任何地方展示过它。

您的朋友们都不知道吗？

当时布勒东大概看过。我只做了三四件东西，没有更多了，我把它们都带去了皮卡比亚家，布勒东就是在那里看到的。

我相信《蒙娜丽莎》在皮卡比亚那里，另外他还在 1920

年 3 月的《391》杂志上进行了翻印。

事情的经过并不完全是这样。我把我的《蒙娜丽莎》带过去，准备收进行李箱中，皮卡比亚趁机抢先把它登在了《391》杂志上。他亲手复制了一张，但他只画了八字胡，忘记了下巴上的山羊胡，弄出来就不同了。皮卡比亚的《蒙娜丽莎》被翻印的时候经常被当作是我那张。

皮卡比亚将其称为《马塞尔·杜尚的达达主义绘画》。还有一次，皮卡比亚用卡彭蒂埃[1]的头像做了《391》杂志的封面，卡彭蒂埃和我长得很像，就像两滴水难分彼此，这样就很有趣了。那是一个由卡彭蒂埃和我组合而成的头像。

字母"L.H.O.O.Q."除了纯粹的幽默之外，还有其他含义吗？

没有了，它唯一的含义就是连读时的谐音[2]。

---

[1] 乔治·卡彭蒂埃（Georges Carpentier，1894—1975）：法国拳击手，在 1908 年至 1926 年的职业生涯中，他主要是作为轻量级和重量级拳手出赛。第一次世界大战期间卡彭蒂埃担任法国空军飞行员，曾两次被授予法国最高的军事荣誉。

[2] 这是杜尚在《蒙娜丽莎》上画过胡子以后为这幅画取的名字。把这几个字母用法语连读出来的声音是 "elle a chaud au cul"。意思是"她屁股热"。蒙娜丽莎永远在画中保持坐姿，对此杜尚进行了嘲讽，同时在法语中还包含了浓烈的情色意味。杜尚通过文字游戏对永远保持坐姿的蒙娜丽莎进行了多重戏谑。

它只是个谐音游戏，仅此而已吗？

千真万确。另外，我对这种游戏很满意，因为我发现可以弄出一大堆来。只要简单地读出这些法语字母，不管用哪种语言来读，都可以产生一些惊人的东西。读字母，这太有趣了。这和给赞克医生[1]的支票是一回事。我问他多少钱，然后我亲手画了一张支票给他。我花了很多时间去弄那些小写字母，让它们看起来像是印刷的——这不是一张缩小的支票。二十年后，我把这张支票重新买了回来，花掉的钱要比上面写的数额贵得多！之后我把它给了马塔[2]，要不然就是卖给他了。我记不清了。钱的事情我总是抛之脑后！

所以您在 1919 年年底或者 1920 年年初回到了纽约，带着您的《蒙娜丽莎》和一瓶《巴黎的空气》（图 27）……

是的，这很有趣。那是一个几厘米高的玻璃瓶。上头有一个印着"生理血清"的标签。我把它带给了阿伦斯伯格，作为对巴黎的纪念。

1　赞克医生是杜尚的牙医。杜尚在一次洁牙护理之后，给了赞克医生一张他画的假支票。

2　罗贝托·马塔（Roberto Matta，1911—2002）：智利著名画家，超现实主义绘画的开创者之一。

那时候您做了个"东西",就像您说的,对您而言是全新的,一件仪器,一件真正的仪器,名叫《精密光学仪器》(图 28、图 29)。

它其实是我回到纽约后做的第一批"东西"之一。那是由五块玻璃板组成的系列,玻璃板上勾画了白色和黑色的线条,绕着一个金属轴旋转。每块玻璃都比下一块大,当我们从某个角度观看时,这些玻璃相互呼应并构成了一幅图画。当马达转动时,这些线条就形成了不间断的黑白圆圈,你可以想象,非常轻盈朦胧。

当时我住在西 73 街上,我和曼·雷一起在底楼做马达。他差点严重受伤。我们的马达很愚蠢,速度加快以后根本无法控制。它甩出去了一块玻璃板,摔得粉碎。不得不从头再来。四年之后我为雅克·杜塞[1]又做了个同样的东西,一个画有螺旋线的半球,出自同样的构思。那段时间我甚至还进行过一些光学研究,一些黑线和白线,它们都已经不见了。我现在也没法和你解释,因为我记不清了。我画的尽是些后来消失不见的素描图。

您从一位反艺术家变成了职业工程师。

---

1 雅克·杜塞(Jacques Doucet, 1853—1929):法国时装设计师和著名艺术收藏家。布勒东等人曾长期为杜塞工作,帮助其收购艺术品和作家手稿。

是的……说到底，是个廉价的工程师！

所谓技术员。

作为工程师，我的一切所作所为就是购买那些马达。我当时关心的是关于运动的概念。

之后，我终归结束了《大玻璃》的工作。我把它运去了一个工厂，给整个右上角镀银，那里面有一些眼科参照表，就是为眼科医生准备的光学图表，是我之前复制下来的三种相互重叠的圆圈。为了复制它们，我不得不给《玻璃》镀银，然后再把图形画上去，刮掉多余的部分。这花了至少六个月，因为它非常细致而且要求高度精确。总之这就是精密光学仪器。

每当您做了一个新实验，您就将其整合进《大玻璃》里。《大玻璃》代表了您八年间一系列实验的总结。

完全正确，就是这样。

我想"罗丝·塞拉维[1]"（图30）是诞生于1920年吧。

---

1 罗丝·塞拉维（Rrose Sélavy）是杜尚虚构的一个女性角色。这个名字是一个双关语，"Rrose Sélavy"用法语读出来的声音是"éros c'est la vie"，意为"情欲就是生活"。

当时我想改变一下身份，进入我脑海里的第一个念头，是取一个犹太人的名字。我曾经是个天主教徒，从一种宗教转向另一种宗教已然是一种改变！我没有找到让自己满意或者对我有吸引力的犹太名字，接着我突然有了个主意：为什么不改变性别呢？这简单得多！于是罗丝·塞拉维这个名字就出现了。如今，这也许还挺不错的，名字的好坏也在随时代改变，在 1920 年，"罗丝"曾经是个挺笨的名字。两个"R"字母来自皮卡比亚的一幅画。你知道屋顶牛餐厅[1] 里的那幅《卡古地之眼》[2] 吧，我不知道它被卖出去了没有。皮卡比亚要求他所有的朋友都在上面签名。我不记得自己是怎么签的了，它被拍摄了下来，所以总归有人知道。我想我写的是"Pi Qu'habilla[3] Rrose"，"arrose[4]"一词需要两个"R"，我被自己加上的第二个"R"吸引住了，"Pi Qu'habilla Rrose Sélavy"，这些都是文字游戏。

您对性别的改变推进到了穿女装拍照。

1　屋顶牛餐厅（Le Boeuf sur le toit）：位于巴黎第八区，在 20 世纪上半叶一直是巴黎先锋派的聚集地。

2　《卡古地之眼》（L'Œil cacodylate）是皮卡比亚创作的一幅布面拼贴画。

3　"Pi Qu'habilla"是杜尚设计的一个双关语，和皮卡比亚的名字"Picabia"读音一样。

4　"arroser"在法语中意为"浇灌，洒水"。

拍照的是曼·雷。1938年，在威尔登斯坦画廊[1]的超现实主义展览上，我们每个人都有各自的模特。我也有一位女模特，我把自己的衣服都给了她。她就是罗丝·塞拉维本人[2]。

从1920年到1921年，这段时间有什么对您而言特别重要的事情发生吗？

没有。哦有的，我的《玻璃》。一直到1923年，它一直占据着我的心思，那是唯一让我感兴趣的东西，我甚至很后悔没有把它完成，但它变得如此单调乏味，成了某种抄抄写写，到最后再也没有发明创造了。所以最后虎头蛇尾了。1923年我回了欧洲，三年之后我再回到美国时，《玻璃》已经碎了，所以……

您拒绝参加1920年的达达沙龙展是出于什么原因？

只是为了搞一个文字游戏。我在电报上把"球的皮"拼写成了"波德球"[3]。电报是发给克罗蒂的。再说，你想让

---

1 威尔登斯坦画廊位于巴黎，由乔治·威尔登斯坦（Georges Wildenstein，1892—1963）经营，1938年该画廊举办了《超现实主义国际大展》，由布勒东和艾吕雅联合策展，杜尚也参与了布展工作。

2 即杜尚自己。

3 "球的皮"（Peau de balle）和"波德球"（pode bal）发音相同，但两个单词均缺少明确的意义，应该是一种纯粹的语音游戏。

我给他们寄什么过去？我没有什么特别有趣的东西要寄过去，我甚至不知道这个沙龙到底是什么东西。

1920 年，当您回到纽约时，您做出的第一个现成品是《新鲜的寡妇》，之后一年您又做了《为什么不打喷嚏》[1]（图31），到底为什么不打喷嚏呢？

《为什么不打喷嚏》是凯瑟琳·德雷尔的妹妹向我订的，她想拥有一些我的东西。因为我不想搞那些通常意义上的绘画，我和她说：我很愿意，但我只做出现在我脑海中的东西。我把大理石立方体弄成方糖大小，把一个温度计和一块墨鱼的骨头放在一个涂成白色的小鸟笼里，我卖了她三百美元。这一刻我挣到钱了！这个可怜女人接受不了，这东西令她发自内心地烦恼，她又把它转卖给了她的姐姐凯瑟琳，没过多久凯瑟琳也受够了。她以原价将其转手给了阿伦斯伯格。我这么说就是想告诉你，这件东西不太受欢迎。不过，我把它做出来就已经很满意了，必须制作一些大理石方糖，这一整套操作并不是一个真正意义上的"现成品"[2]，除了笼

1　全名为《为什么不打喷嚏，罗丝·塞拉维？》。

2　《为什么不打喷嚏》不是纯粹意义上的现成品，因为作品中类似方糖的一百五十二个白色立方体，是用白色大理石切割制作而成的。

子。至于《新鲜的寡妇》（图 32）……

这依然是一个文字游戏。新鲜，法国，寡妇，窗户[1]。

是的，新鲜的寡妇，意味着"不知廉耻的寡妇"。

快活的寡妇，天哪！

你可以这么理解。词语的各种组合让我觉得很有趣。"French window"指的是法国的窗户。窗户是我让一位纽约的木工给我做的，窗玻璃包裹着黑色的皮革，像皮鞋一样每天早上都需要打蜡，令它们像真正的窗玻璃一样闪闪发光。所有这些东西都包含着同样的精神气质。

罗贝尔·勒贝尔当时说过："您已经达到了非美学、无用性与不可辩护性的顶峰了。"

总而言之，这个说法非常好笑。他把这些写在书里了吗？好啊，太好了，我祝贺他！你知道，我们经常记不清一

---

1 "新鲜，法国，寡妇，窗户"分别对应的四个英语单词"fresh""french""widow""window"在读音和拼写上相近。

些事情。

您不是这样。您的记忆力相当惊人。

通常来说，遥远的记忆都会相当准确。

1921 年，您又回巴黎待了八个月，直到 1922 年……

我不能在纽约一次停留超过六个月，因为我拿的是旅游签证或者诸如此类的东西。所以六个月之后必须申请延长。于是我宁可离开，晚点再回来。1921 年 7 月，曼·雷抵达了巴黎。我当时住在孔达米纳街，我把他安顿在了隔壁的一间用人房里。他的起点相当闪耀，当时他认识了服装设计师普瓦莱 [1]。普瓦莱对曼·雷相当中意。他让曼·雷为各种时装模特拍照，于是曼·雷立刻就靠着他的摄影挣到了钱。

1922 年 10 月，布勒东在《文学》杂志上发表了一篇关于您的文章，对您赞誉有加，产生了巨大的反响……

1　保罗·普瓦莱（Paul Poiret，1879—1944）：法国时装设计师。

是的。当时我和布勒东进行了一次非常实在的交流。另外他作为朋友也是非常有趣的。他在文学界拥有巨大的分量，他可以立刻发现阿拉贡和艾吕雅[1]那样的人，这很让人惊奇，他们当时都是他的副手。我已经记不清我们是在哪里见面的了，在我们的生活中有过太多的咖啡馆，我已经没法记住我们是在其中哪一家相遇的了。从1923年到1926年，我一直住在田园街上的伊斯特拉酒店。最开始两个月我在弗瓦德沃街上有一间画室，但那里太冷了……画室实在太简陋，于是我搬进了这家酒店，曼·雷也离开了孔达米纳街，和我住进了酒店的同一层。他在隔壁大楼里有一间工作室，就在田园街的街口。从1922年开始，他就在那里工作，然后回伊斯特拉酒店睡觉。而我呢，则完全住在酒店里，因为我什么也没做。

您把《大玻璃》留在了纽约？

是的。三年后，当我回到纽约时，我没有继续把它做下去。在此期间它也裂开了……但并不是这一点让我下定了决心，而是由于我一直不在那边。把一件事情持续干上八

1　保罗·艾吕雅（Paul Éluard，1895—1952）：法国诗人、超现实主义运动的创始人之一。

年，你知道这意味着什么。相当乏味单调……必须非常坚强才行。我并没有因此感到痛苦，很简单，当时有其他的事情进入了我的生活。当我回到纽约时，从1924年到1925年，我为杜塞做了那件东西，那个可以旋转的光学装置，还拍了那部短片。

您当时已经决定停止绘画了吗？

我没有做过这样的决定，它就这么单独出现了，因为《大玻璃》就已经不是绘画了。你可以把它理解成一幅画在玻璃上的画，但它并不是一幅画，里头有许多铅，还有很多别的东西。它已经摆脱了传统的绘画概念，使用画笔、调色板、松节油这类想法已经从我的生活中消失了。

您从来没有为这种决裂感到过痛苦吗？

没有，从来没有。

从那以后，您再也没有过作画的渴望吗？

没有。因为当我走进一间博物馆的时候，我没有在任何一幅画作面前感到过惊讶、震撼或好奇。从来没有过。我指的是那些过去的东西，古老的东西……我真的是一位"还俗者"，从这个词语的宗教意义上来说。但我并没有刻意这么做。它让我感到恶心。

您再也没有碰过一把画刷、一根铅笔吗？

没有。它对我来说已经没有乐趣了。缺乏吸引力，缺乏兴趣。

我觉得绘画会死，你明白吧。一幅画过四五十年就死了，因为它的新意已经消失了。雕塑也会死。这是我个人的想法，没人会接受，我也不在乎。我觉得一幅画过了些年就会死掉，就像它的作者一样。接下来，它就被称作艺术史了。在一幅今天的莫奈与一幅六十到八十年前刚画完时的莫奈之间，存在着巨大的差别，当时画面耀眼夺目，现在却已经发黑了。现在，它已经进了历史，就这样被接受了。另外这样挺好，因为这什么都不会改变。人终有一死，画也一样。艺术史和美学大不相同。对我而言，艺术史是一个时代遗留在博物馆中的那些东西，却不一定就是那个时代中最好的东西，说到底，甚至多半是关于那个时代的平庸性的表述，因为美好的东西已经消失了，大众并不想留下它们。不过，这就是哲学问题了……

遇到玛丽·雷诺兹[1]对您而言有过怎样的重要性？

重要性在于这是一段伟大的友谊。玛丽是个非常独立的女性。她非常喜欢屋顶牛餐厅，几乎每天晚上都去。反正，那是一段令人非常愉快的关系……

您是在纽约认识她的吗？

是的，但交情非常浅。我主要是在她 1923 年来到巴黎以后认识她的。她住在埃菲尔铁塔附近，我经常去看她。我也有属于我自己的酒店房间。那是一段真正的关系，持续了很多很多年，非常令人愉快，但并不是那种严肃的"同居"，婚姻意义上的同居。

那时候，您和曼·雷、皮卡比亚、萨蒂[2]一起加入了勒内·克莱尔[3]的"幕间"剧团；接着又加入了罗尔夫·德·马

1　玛丽·雷诺兹（Mary Reynolds, 1891—1950）：美国画家，1923 年通过巴黎社交圈真正认识了杜尚，并成为后者的情人。尽管他们从未结婚，但从 1927 年起，他们就一起生活，一起度假，一起在公共场合露面。

2　埃里克·萨蒂（Erik Satie, 1866—1925）：法国作曲家，他被公认为几项艺术运动的先驱者，其中包括超现实主义、重复性音乐和荒诞戏剧。

3　勒内·克莱尔（René Clair, 1898—1981）：法国电影制片人。

雷[1]的芭蕾舞团。这是兼容并蓄……

你可以这么理解。顾名思义，"幕间"就是在瑞典芭蕾舞的幕间休息时间进行表演。我演出过的剧目，是皮卡比亚和萨蒂的《停演》。总共只演过一场。我扮演裸体的亚当，带着假胡子和一片无花果树叶。夏娃是由一位俄国年轻女子博洛尼娅扮演的，她也同样全身赤裸。勒内·克莱尔在顶楼，负责给我们打光，正是在那里诞生了他对博洛尼娅的爱意。几个月之后他娶了她。我是媒人，你看，是婚姻的制造者！

在"幕间"剧团还有一出戏，我和曼·雷在香榭丽舍剧院的屋顶下棋，皮卡比亚过来的时候带着他浇花用的水管，把一切都冲走了。你看，这非常达达。

您当时在电影和戏剧中寻找什么？

电影中光学的一面尤其让我觉得有趣。与其造一台我在纽约做过的那种旋转机器，我对自己说："为什么不拍电影呢？这更简单。"做出一部电影本身并不让我感兴趣，让我感兴趣的是这种更加实用的手段，便于我在光学方面收获成果。有些人对我说"您拍过电影"，对此我的回答是：

1　罗尔夫·德·马雷（Rolf de Maré，1888—1964）：收藏家，芭蕾舞团负责人。

"不，我没拍过电影。这是一种便捷的手段，可以实现我想要的目标。"——尤其到了现在，我更认识到了这一点。

此外，电影很好玩。因为我们没有足够专业的设备，所以我们只能一毫米一毫米地工作。机器上有一个小圆盘，上面有毫米刻度，我们逐帧转动。做这件事就用了两个星期。那些设备无法以任何固定速度拍摄，全都弄糊了，由于转得足够快，便形成了一种奇特的光学效果。所以我们不得不放弃机器，一切由我们自己做。简直可以说是回归双手了。

相较于工作我更喜欢呼吸

您曾经说过："一幅画不能引起冲击，就不值得画。"

这句话有点俏皮，但相当准确。在任何一位天才（大画家或者大艺术家）的作品中，其实只有那么四五件东西在他的一生中真正具有重要性。剩下的，都是每日的填充而已。一般而言，正是这四五件东西在问世时造成了冲击。无论《阿维农少女》还是《大杰特》[1]，它们都是具有冲击力的作品。我就是从这个意义上去理解的，因为我完全不觉得自己会渴望去赞美雷诺阿所有的作品，甚至修拉所有的作品……说到修拉，我非常喜欢他，这是另外一个问题。我向往罕见之物，换句话说，向往那种可以被人们称为

---

[1] 《大杰特》，全名《大杰特岛的一个周日下午》，是法国点彩派画家乔治-皮埃尔·修拉（Georges-Pierre Seurat，1859—1891）的代表作，完成于1886年。

"至高美学"的东西。像伦勃朗或者契马布埃[1]那样的人，四五十年间日日作画，而决定这些东西很好的人，恰恰是我们这些后辈，因为它们是被契马布埃或者伦勃朗画出来的。契马布埃的一件不值一提的"破烂"也依然值得赞赏。而他每作三四幅画，就有一件不值一提的"破烂"，虽说我不了解这些东西，但它们真实存在。我把这条规则运用于所有艺术家。

您还说过，艺术家对其作品的真正含义是无意识的，而观众则必须始终参与一种额外的创作活动，同时对作品加以阐释。

完全正确。因为我的确认为，如果有一个人，随便哪位天才人物，他住在非洲的中心地带，每天绘制着他超凡入圣的画作，却没有任何人看见，那么他也是不存在的。换句话说，艺术家只有在有人认识他的情况下才存在。因此，我们可以想象存在过十万个天才，他们自杀了、自尽了、消失了，因为他们不知道为了让自己为人所知，为了树立威望，收获荣光，到底应该怎么做。

1　吉奥瓦尼·契马布埃（Giovanni Cimabue，1240—1302）：佛罗伦萨最早的画家之一，相传为乔托的老师，意大利文艺复兴的先驱之一。

我坚信艺术家作为"媒介"的作用。艺术家做出来什么东西，有朝一日，他通过公众的参与、观众的参与而被认可，就这样传给了后人。我们无法删去这些东西，因为从总体上说，这个东西具有两极。一极是做出作品的人，另一极是观看作品的人。我认为观看者与制作者同样重要。

自然，没有任何艺术家接受这样的阐释。但是，到底什么是艺术家呢？他既是像布勒[1]一样制作家具的人，也是拥有一件"布勒出品"的人。布勒也是由人们给予他的赞赏构成的。

非洲木勺被制作出来的时候，除了实用功能根本不值一提。之后它们变成了漂亮的东西，变成了"艺术品"。你还不认为观众的角色具有某种重要性吗？

当然，不过我也不完全同意您的看法。就拿《阿维农少女》来说，它完成二三十年之后，公众才看到它，但是对于那些毕加索曾经私下展示过的少数人而言，这幅画立即就具有了重要的意义。

是的，不过也许还有一些作品，一开始相当重要，最后却消失了。我想到了我非常喜欢的吉里厄。

1　安德烈－夏尔·布勒（André-Charles Boulle，1642—1732）：著名王室橱柜制造商。

梅金杰也是这样。

是的。删剪的比例非常大。才过了五十年，你还想怎样！

您认为像吉里厄那样的人曾经创造过不为人知的杰作吗？

不，完全不是。准确地说，你提及的杰作是由观众最终宣布的。观看者制造了博物馆，提供了博物馆的诸多元素。博物馆是理解与评判的最终形式吗？"评判"这个词也同样是个糟糕的东西。它如此随意，如此脆弱。一个社会决定接受某些作品，于是建了个卢浮宫，卢浮宫延续了几个世纪。至于真理和真切、完美的评判，我完全不相信。

您现在还参观博物馆吗？

几乎从不。我已经二十年没去过卢浮宫了。这事并不让我感兴趣，因为我对那里面的判断标准有所怀疑，这些标准决定所有那些画作是在卢浮宫里展出，而不是放到别的地方去，而这从来没有受到过质疑，好像天然就是这样。说到底，大家都对这种看法感到非常满意：存在某种暂时的迷恋，某种基于一时口味的时尚。这种一时的口味会消失，无论如何终归有某种东西延续下来。这东西解释不太清楚，同时也不一定能为自身辩护。

不过您还是同意把您的所有作品放进博物馆？

我同意了，因为在生活中总会有一些实际的事情无法避免。我没有拒绝。我本可以把它们全部撕碎或者砸烂，而这同样是一个愚蠢的行为。

您原本可以要求把它们放在一个非公开的场所。

不。这会是一种疯狂的奢望。

您自己是一个善于自我保护的人，您本该有保护您作品的意愿……

当然，我对许多事情采取的那些宣传上的东西有点不爽，因为这个由观看者组成的社会强行把这些推入某种正常的或者起码是人们称之为"正常"的潮流之中。观看者的队伍比画家的队伍强大得多。他们强迫你去做一些被限定好的行为。拒绝是荒唐的。拒绝诺贝尔奖是荒唐的。

您同意进入法兰西学院[1]吗？

不，我的天啊，不！我做不到！而且，对于一位画家而言，这不是什么了不起的事情！法兰西学院的成员不都是些文人吗？

不。也有一些画家。更像是个上流社会。

像"美术学院"那样？

是的。

不。我不会为了进入法兰西学院写申请。另外他们也肯定不会给我提供职位的。

您喜欢哪些古代画家？

我真的不太了解他们。我很欣赏皮耶罗·迪·科西莫[2]……

1　法兰西学院是法国的最高文艺及学术机构。分为法兰西学术院、法兰西文学院、法兰西科学院、法兰西艺术院、法兰西人文院。入选者即为终身院士，象征相关领域的最高成就获得者，有专门的座次、礼服、佩剑、权杖等。

2　皮耶罗·迪·科西莫（Piero di Cosimo，1462—1522）：意大利文艺复兴时期的画家。

您喜欢文艺复兴之前的画家吗?

文艺复兴之前的画家,是的。在那之后,有些东西难以接受,比如拉斐尔。因为我感到人们把那些东西树在那里,然后一些社会阶层将其保存了起来。

1924 年到 1925 年,您去尼斯参加象棋巡回赛。然后您又从那里去了意大利。您去意大利做了些什么?

找一位女性朋友。

您去那里不是出于艺术上的目的吗?

不,完全不是。我在佛罗伦萨住了一天。我什么也没看。我还在罗马附近待了两三周,在一个有几个艺术家活动的地方,但也完全不是为了作画或者看画。不是。说到底,我从来没有好好看过意大利。三年前我又去过一趟佛罗伦萨,这次稍微严肃认真一点。我最终还是去了乌菲兹[1]。当然,里面有很多东西,但我真的没法以开启一次"艺术教

1　乌菲兹美术馆是意大利佛罗伦萨历史最悠久的艺术博物馆之一,建于 1560 年。

育"的方式得到消遣，在这个词的传统意义上[1]！这不让我感兴趣，我也不知道为什么，我无法解释。

您年轻的时候，难道没有感受过对某种艺术修养的渴望吗？

也许吧，不过这是一种非常平庸的渴望。我本想好好工作，但我内心深处有着一种巨大的懒惰。相比于工作，我更喜欢生活和呼吸。从社会角度看，我不认为自己做过的工作能够在未来具有什么重要性。因此，你可以这么认为，我的艺术就是生活；每分每秒，每一次呼吸都是一件作品。一件不留痕迹的作品，既不属于视觉也不属于大脑。这是一种持久的惬意。

这正是罗谢所说的。您最美的作品就是您对时间的使用方法。

这很准确。好吧，我认为这很准确。

1　20世纪之前，法国的上流和中产家庭常常带着孩子去意大利漫游，培养艺术素养，即杜尚所谓"艺术教育"。

同样在 1924 年到 1925 年之间，您在光学仪器方面实施了许多新计划。

是的。在那段时间，我在光学方面认识到了一个有吸引力的小现象。另外也不能当真称为什么光学。我做了一件可以旋转的小东西，可以造成开瓶器那样的视觉效果，这吸引了我，让我很开心。一开始我使用了一些螺旋形……甚至不是螺旋形，而是一些偏心圆，它们相互叠合形成一个螺旋，不是几何意义上的螺旋，而是视觉效果上的。从 1921 年到 1925 年我一直在操心这个东西。

之后，我用同样的手段找到了另一种使物件产生立体感的方法。这多亏了一种斜等轴透视，也就是说从下面看，或者从天花板往下看，我们会得到一些东西，在围绕同心圆旋转的过程中，形成某种真实物体的图像，好像一枚荷包蛋，好像一条在鱼缸里打转的鱼。我们看到这个鱼缸是三维的。最让我感兴趣的地方在于，这是一种科学现象，在我发现它之前，它以另一种方式存在。当时我遇到了一位光学家，他对我说："我们用这些东西来帮助独眼者恢复视力，或者至少让他们产生三维空间感。"因为在他看来，那些独眼者失去了三维感。那时候，我的这些实验引起了一些专家的兴趣。对我来说，这让我很开心。

但这是非常视网膜的！

是的，但这并不是那种可以干上十年或十五年的事情。没过多久就结束了。

另外您也没搞过很多。

没有。仅仅在 1934 年。然后就结束了。

在那之前，您又发现了一项新的活动。一项相当出乎意料的活动。您打破了您的超脱，开始买卖起画作来了。

是和皮卡比亚一起。我和他说好在德鲁奥拍卖行[1]进行一场拍卖会。另外这是一场虚假的拍卖会，因为拍品都是他的。不过很显然，他自己不愿掺和进来，因为他不能在德鲁奥拍卖行大厅"皮卡比亚拍卖皮卡比亚"的横幅下出售他那些画作。因此，由我出面仅仅是为了避免这可能产生的不良影响。这是一次有趣的经历。我想对他而言这很重要，因为在那之前我们都还没有产生过把皮卡比亚的东西公开展示的想法，没有出售它们并赋予其市场价值的强

---

1 德鲁奥拍卖行是巴黎最著名的拍卖行之一，1852 年开业。

烈理由……然后我也买了点小东西。我已经记不清买的是什么了……

您曾经为阿伦斯伯格回购您自己的作品。

在纽约举办过奎因[1]的拍卖会。奎因死于 1924 年，他的藏品都在拍卖行出售。我正是在那里买下了布朗库西[2]的作品。

之后，您便在纽约组织了布朗库西的展览？

为了把它们立即重新卖出去。布朗库西本人之前让我和罗谢把他的作品买回来。他担心它们在拍卖会上每件只能卖到两三百美元，而他本人的售价已经比那高得多了。于是我们和布朗库西的好友拉姆塞夫人一起，以八千美元的价格从布鲁默[3]那里买下了二十二件布朗库西的作品，即便在当时而言，也是相当便宜了。

1　约翰·奎因（John Quinn，1870—1924）：纽约著名律师，收藏家。

2　康思坦丁·布朗库西（Constantin Brâncuși，1876—1957）：罗马尼亚雕塑家、画家和摄影师。20 世纪最有影响力的雕塑家之一，也是现代主义的先驱者。

3　约瑟夫·布鲁默（Joseph Brummer，1883—1947）：出生于匈牙利的艺术品交易商和收藏家。奎因拍卖会的负责人。

我们三人平分。我们把拉姆塞夫人之前出的钱还给了她，然后罗谢和我拿走了十五张布朗库西的作品，一人一半。我生活中的这些买卖让我得以生活下去。当我需要钱的时候，我就去找罗谢。我对他说："我有一件布朗库西的小东西要卖，你能给我多少？"因为那时候价钱真的很低。这种事持续了十五到二十年。

布朗库西作品的逐渐升值让您从中获益了。

是的，不过在当时，这根本无法预料。

这种商业活动难道与您的生活态度没有矛盾吗？

不矛盾。必须好好活着。这仅仅是因为我没有那么多钱而已。为了吃饭总得做点什么。吃饭，每天吃饭，这和为了绘画而绘画是两件不同的事情。我们完全可以同时把这两件事做好，而不至于让一个破坏另一个。而且，我也没把这个活动看得多么重要。在奎因的拍卖会上，我还从布鲁默那里直接回购了一张我自己的画作。一两年之后，我又把它卖了，卖给了一个加拿大的老好人。这也很有趣，并不费我多少事情。

因为那时候阿伦斯伯格决定收集您的作品并将其捐赠给费城美术馆。您正在帮他进行整合。

是的。就是这样。

说到底，这是一种提高身价的方式吗？

不，不，绝对不是。

至少，您一心想让您的作品都被收拢在唯一的场所，让大家都可以去那里观看。

这是真的。我对自己做过的东西有某种爱意，这种爱意就以这种形式体现了出来。

这始终属于您身上匠人的一面。

我想让一切都始终集合在一起。另外，从数量的角度看，我发现自己的作品不足以一张接着一张地从中获利。尤其是，我尽我所能地不想靠卖画挣钱。一般来说，我转卖的都是一些早期的画作。比如，当我动身去美国时，很多画都留在了法国。我让人把它们寄过去，阿伦斯伯格买下了它们。也有一些东西在别人手上。我妹妹拥有一张我父亲的肖像，她想把它保留下来。为了把这幅画卖给阿伦斯伯格，必须说服她下定决心。

您从来没有想过为您自己保留一些东西吗？

有的。这是一件有趣的事情。在纽约时，我有一块玻璃[1]，1915 年送给了罗谢。这块玻璃已经碎了。我用另外两块玻璃把它夹住，装进了一个木框里，罗谢当时要回法国，便把它带走了。

四十年后，我妻子想要把它买回来。于是，为了重新拥有它，必须支付极其高昂的价格。这很有趣。我完全不怨罗谢，但这个当年我送给他的玩意儿，被他用一个疯狂的价格转卖给了我妻子。因为回购的人是她，不是我！

可是罗谢非常有钱吧？

他恰恰靠着这些画发了财。或者说他靠倒卖布朗库西发了财。这是个有魅力的人，他觉得大家付他钱理所应当。无论是对我还是其他人，都一视同仁。

1　即《九个雄性恶搞模具》。

关于赚钱，您也有过一个相当新奇的想法。您发明了几种纹章，上面带有"达达"四个字母，您想用一美元一枚的价格出售它们。

这挺有趣的。

这像是某种护身符、吉祥物。

这不是为了赚钱，也完全无利可图。另外这个纹章我一直没做出来。

一直没有？

没有。

您写信跟查拉说，购买纹章可以为达达购买者"加冕"。纹章将保护他们免疫某些疾病，避开某些生活的困扰。就像那种"治疗一切的粉色药丸"。

是的。布勒东曾经在某一刻产生过一个想法，去开一家超现实主义事务所，为人们提供咨询。这都是出于同样的想法。

1926 年是《大玻璃》震裂的年份。

我不在美国时，有人在布鲁克林美术馆的一个国际展会上展出了它。那些把它送还给凯瑟琳·德雷尔（《大玻璃》当时归她所有）的人不是专业人士。他们也没有注意，将两块玻璃叠在一起，平放在一个盒子里丢在了卡车上，虽然差不多装好了，但根本不知道那到底是玻璃还是果酱。开了六十公里以后，它实际上就成了果酱。唯一奇妙的事情就是，两块玻璃，一块叠在另一块上面，裂痕都发生在同样的位置。

裂纹都顺着《织补网络》的方向，这依然令人惊奇。

正是如此，方向也一样。这构成了一种对称性，似乎是有意为之，然而情况完全不是这样。

当人们看到《大玻璃》时，很难想象它无瑕时的模样。

不。带些裂纹更好，好一百倍。这就是事物的命运。

这是偶然性的介入，您常常关注这个问题。

我尊重偶然性的介入，最终爱上了它。

从 1927 年到 1935 年，您回巴黎待了八年。1927 年，您的生活中再次发生了一件相当出乎意料的事情：您结婚了。婚姻持续了六个月。

是的，和萨拉赞-勒瓦索[1]小姐结了婚。一个非常可爱的女孩。这段婚姻有一半是皮卡比亚促成的，他认识女孩的家人。我们用寻常的方式结了婚，但并不算如胶似漆，因为我发现婚姻和其他事情一样令人厌烦。我真的比自己想象得更加"单身"得多。因此，六个月之后，我的妻子非常友好地同意离婚。她没有孩子，也没有要求抚养费，一切都发生得尽可能简单。后来她再婚了，也有了几个孩子。

米歇尔·卡鲁日曾经在您身上发现一种"对女性的否定"，尤其是在《大玻璃》里……

这主要是基于"女性"这个词的社会意义对女性的一种否定，也就是说女人——妻子、母亲、孩子之类的。六十七岁之前，我都小心翼翼地避开了这些东西。我娶了一个女人，她由于年龄无法生孩子。而我自己，我不想要孩子，仅

1　丽迪·萨拉赞-勒瓦索（Lydie Sarazin-Levassor，1902—1988）：法国作家。杜尚的第一任妻子，1927 年 6 月与杜尚结婚，不到一年后离婚。

仅就是为了节省开支。这就是卡鲁日想要表达的意思。我们可以拥有所有我们想要的女人，但并不非得和她们结婚。

您抵抗的主要是家庭。

是这样。家庭迫使你放弃自己真正的理想，去换取那些家庭、社会之类破事所接受的东西！

那段时间，您非常积极地参与了超现实主义的示威活动。您为基里科[1]辩护，反对布勒东及其友人对他的驱逐，声称所有的高下都将由后代决定。这种对后代的关注在您身上有点不同寻常。

不。后代只是观众的一种形式而已。

后世的观众，如果可以这么说的话。

是的。确实是后世的观众，因为在我看来当代的观众毫无价值。后代可以指定或者准许某些东西留在卢浮宫，

1　乔尔吉奥·德·基里科（Giorgio de Chirico，1888—1978）：希腊裔意大利画家。先锋艺术的重要人物之一，1928 年与超现实主义者彻底决裂。

与之相比，当代观众的价值微不足道。回到布勒东，他们1919年以后谴责基里科的方式是如此做作，以至于激怒了我。之前我们看到已经有人得到了平反，这就是为什么我敢于做出这样的评语：让我们留待后人。

对超现实主义绘画，您的立场是什么？

非常好。不过我一直不喜欢他们那种拥护现存之物（也就是抽象）的模样。我说的不是第一批画家，比如马克斯·恩斯特[1]、玛格丽特[2]、达利[3]。我说的是那些1940年左右的追随者。那时候已经是一个老朽的超现实主义了……说到底，这是由于超现实主义不是作为一个绘画流派幸存下来的。它也不像其他主义那样是一个视觉艺术流派。它不是一种寻常意义上的"主义"，因为这种"主义"一直延伸到哲学、社会学、文学，等等。

这是一种精神状态。

1　马克斯·恩斯特（Max Ernst，1891—1976）：德国画家。达达运动和超现实主义运动的主要领军人物。

2　勒内·玛格丽特（René Magritte，1898—1967）：比利时画家。比利时超现实主义画派领袖。

3　萨尔瓦多·达利（Salvador Dalí，1904—1989）：西班牙画家。超现实主义绘画的代表人物。

就像存在主义。不过没有存在主义绘画。

这是一个行为方面的问题。

就是这样。

您最喜欢哪些超现实主义画家？

全部。米罗[1]、马克斯·恩斯特、基里科，我都很喜欢。

在这里，您谈论的主要是友谊，而非绘画？

不，绘画也是。这些画家的作品都让我很感兴趣，在受影响、被打动的意义上……

在超现实主义中，也有一部分属于"视网膜"。这不会让您不爽吗？

不，因为必须知道如何利用视网膜。超现实主义者们最终的意图是超越视网膜。尤其是在那些幻想之物中。

1　胡安·米罗（Joan Miró, 1893—1983）: 西班牙画家，超现实主义绘画的代表人物。

相比视觉性这更加概念化。

完全正确。请注意，并不需要很多概念的东西才能让我开始喜欢它。我不喜欢的，是完全没有概念性，是纯粹的视网膜，这令我恼火。

您在 1932 年写了一本书，后来成了象棋方面的经典，名叫《对王与联动棋型的调和》。这是个绝妙的超现实主义标题。

"对王"是象棋里的一种局面，可以这样或那样操作。"联动棋型"和"对王"是一回事，只不过它是一种更新近的发明，被我们赋予了一个不同的名称。自然，旧方法的捍卫者总会与新方法的捍卫者发生口角。恰恰因为我找到了一个体系可以消除对立，于是我加上了"调和"二字。然而，用到这些的残局没有引起任何棋手的兴趣，最搞笑的正是这一点。我和哈勃施塔特[1]共同完成了这部著作，世界上只有三四个人试图进行与我们同样的研究。甚至连象棋冠军也不读这本书，因为书中提出的问题也许一辈子只能真正碰上一次。它们都是潜在的残局问题，但罕见到近乎空想。

1　维塔利·哈勃施塔特（Vitaly Halberstadt，1903—1967）：法国象棋手、象棋理论家、著名的残局研究者。

您始终停留在观念领域中。

啊！是的，千真万确。这里也依然如此，既不实际，也完全无用。

那时您住在拉里街 11 号，您发明了一扇门（图 33），可以同时打开并关闭。它还在吗？

还在，不过两年前我把它拆下来寄到美国去了。如今它属于玛丽·西斯勒[1]藏品的一部分。那扇门的状态和我离开它的时候是一样的，因为我搬走以后住在里面的人是帕特里克·瓦尔德伯格[2]。1946 年他离开美国，在巴黎没有住处。我就把自己的工作室给了他，因为我并不住在那里。他的第一任妻子，雕塑家伊莎贝尔·瓦尔德伯格[3]，现在依然住在那里。我想我用一万法郎购买了这扇门，是一万旧法郎[4]。

1 玛丽·西斯勒（Mary Sisler，1904—1990）：美国收藏家，杜尚作品最重要的私人藏家之一。

2 帕特里克·瓦尔德伯格（Patrick Waldberg，1913—1985）：法裔美国艺术评论家，与布勒东等超现实主义者关系密切。

3 伊莎贝尔·瓦尔德伯格（Isabelle Waldberg，1911—1990）：法国超现实主义雕塑家。

4 第二次世界大战后，法国发生恶性通货膨胀，旧法郎同英镑比价跌至接近1∶1 000。1960 年发行新法郎。

对于一扇门而言这不算贵！

这是给房主安装另一扇门用的，你明白吗？我想她就是这么做的。去年我把这扇门拿去展览了，目前在伦敦[1]，他们只是放了一张与实物同等大小的彩色照片，是施瓦茨让人做的，做得非常好。刚好能够给人一种印象，这是一扇造成视觉错乱的门。

1934 年您在巴黎完成了《绿盒子》：一共三百册，包含了九十三份文献图片、素描及 1911 年至 1915 年间的手写笔记，以照片的形式进行了翻印，其中二十册是精装。罗丝·塞拉维出版社，和平路 18 号。这依然是对您心心念念之事的一种全新表达方式：收集并保存您的作品。

是的。我做过的每件东西，都要求我提供某种精确性并且花费相当漫长的时间。我觉得这一点同样值得保存下来。我的工作方式很慢，因此，我给予这种缓慢以一种重要性，与人们赋予那些他们精心制作的东西的重要性不相上下。

1　指 1966 年伦敦泰特美术馆的杜尚回顾展。

那时候，您似乎更关心如何保存您已经做过的东西，而不是继续创造您的作品？

是的，因为那时候我已经不再做任何东西了。

您彻底停下了吗？

是的，但也不是绝对彻底。的确停下了，仅此而已。就是这样。

这是因为您天生懒惰吗？

是的！当时，涉及的并不是什么艰巨的工作，做这个《盒子》挺容易的。而且也很有趣。不过我还是花了四年多时间去搞定这些文献，在 1934 年到 1940 年之间。在二战开始之前刚好完成。我每天都往印刷厂跑。所有的事情我都亲力亲为。所以我只花了很少的钱。

您让我震惊！

不。即便在那个时候，也不算贵。我记不得五万法郎在当时是多少钱了，但确实没让我花更多钱。

1940 年的五万法郎，那很多了。

也许吧。我还保留着那些消费的账单。我让人做了许多胶版印刷的东西，都是大尺寸。不，不，这些都不太贵。

您亲自做了三百册？

没有做完。还剩下一百来册没做。那些东西要成批做三百份。先做了一个《盒子》，再逐一复制……

人们可以预订盒子吗？

是的。如果你愿意的话。我们一次可以做二十五盒。如果不着急，做一个盒子需要一个月。

那么谁来做呢？

目前是我家里的一位年轻女性。以前，则是其他人。最开始的二十个是精装，其中包括了原件，都是我亲手做的。

当有人想要一个《绿盒子》，可以直接联系您，然后一个月之后就能拿到？

就是这样。不过有两种东西可选,《绿盒子》和《手提箱式盒》。

其实二者是不同的,《手提箱式盒》要稍微晚一些。

《手提箱式盒》是 1938 年到 1941 年。《绿盒子》是 1934 年。

二者有何区别?

顾名思义,一个是绿色的,里面有许多裁好的纸片,是照着我当初写字时的原始形状剪出来的。我尊重每一张纸片的形状。至于《手提箱式盒》,我必须把样式、隔层、挡板什么的都做出来。这是一项劳动量可观的工作。此外当然还要加上六十八份复制品。

它也像《绿盒子》一样印了三百份吗?

正是如此。1938 年我着手印制了第一个版本共二十份。但直到我 1942 年动身前往美国之前还没有弄完。我不得不把它们拆散,带着它们穿过分界线[1]。我有一张奶酪商人的通

1　指二战中法国沦陷后北部纳粹德国占领的德占区与南部维希政府控制的自由区之间的分界线。

行证，我用它多次往返于德占区与自由区之间。如今还剩下十五个《绿盒子》，就这些了。我准备把它们细水长流地推销出去，因为我想在死前依然有得卖，现在还剩一百来个没做呢。

您以"技术志愿者"的身份在莱平展览会[1]中展示了《旋转浮雕》，阿波利奈尔当年把您视为正在"让艺术与公众和解"的人，您的这一行为正是对于阿波利奈尔这句名言略微迟到的印证。我相信这不大行得通吧？

非常糟糕。我租了个摊位，甚至雇了个助手，因为我不想整天守在那里。人们来来往往，买台冰箱什么的，然后他们看见了《旋转浮雕》，但这对他们来说意义不大。到了月底（因为展会持续了一个月），我卖出了一份……

我想是三十法郎。

难以置信！我花的钱要多得多！

1　莱平展览会：成立于1901年，原名"巴黎玩具和物品展览会"。后改名为"莱平展览会"。展览涉及游戏和玩具、五金、家具、家居用品、体育、机械、广播、摄影，等等。

1937 年，您在巴黎亮过相。

在哪？

在安德烈·布勒东的"格拉迪瓦"艺术画廊。正是在那里您想象了一扇门（图 34）……

啊！是的。门玻璃上刻有一对夫妻的背影。

您在芝加哥艺术俱乐部的首次个展，我感觉也同样是1937 年吧？

我不太清楚，我没去。

这是目前为止您做过的唯一一次个展。

1908 年或者 1909 年，我给独立艺术家沙龙寄过东西，之后给秋季沙龙也寄过，但我从来没做过个展。从来没有过，除了两年前在帕萨迪纳[1]，以及今年在伦敦。

---

1 帕萨迪纳：位于美国加利福尼亚的一座城市。1963 年帕萨迪纳艺术博物馆举行了杜尚个人回顾展。

是谁让您决定参加这次芝加哥展览的？

有人来问我，于是我说"行"。这不是什么大展，最多十件东西。这个艺术俱乐部时常举办一些小展览。场地也不是很大。有人问我是否愿意去办展，我同意了。被问到要不要做个展览这种事情，很多艺术家都会遇到！但这种事没有任何重要性，而且我甚至没去看我这个展览。

在您生活里的许多事情中，人们都有这样一种印象，似乎您仅仅满足于对别人的要求予以回应而已？

通常来说，仅仅如此。我不是那种所谓野心勃勃的人。我不喜欢挑事，首先是因为这很累，其次则是因为通常都没什么用处。我不期待任何东西，也不需要任何东西。然而，挑事也是需求的多种形式之一，是某种需求的结果。这在我身上不存在，因为，说到底，我在很长时间里什么也没做，但我一直过得很好。我并不赋予艺术家这种社会角色：认为自己有义务做点什么东西出来，觉得自己必须对公众负责。我对所有这类想法深恶痛绝。

您参加了 1938 年的超现实主义大展，这岂不是与您的说法恰恰相反。

这不是一回事。当时我是团队中的一员，我提过一些建议。两次。

第一次是在 1938 年。

是的，在威尔登斯坦画廊。

作为一个如此独立的人，您是如何接受超现实主义收编的？

这不是收编。我是被超现实主义者从凡间借来的。他们很喜欢我，布勒东也很喜欢我。我们在一起很开心。他们对于我提出的建议都非常信任，这些建议不是反超现实主义的，但也并非始终是超现实主义的。

1938 年那次非常有趣。我的想法是在中央挖一个洞，然后把一千两百袋煤炭挂在一个火盆上方。那是个电炉，但保险公司表示拒绝。不过我们还是这样做了，他们也接受了。再说袋子都是空的。

袋子里没有煤炭吗？

里面只有些煤灰。这些都是从拉维莱特[1] 搜集过来的真袋

---

1 拉维莱特位于巴黎北部。

子。袋子里塞了一些废纸、报刊之类的东西，让袋子鼓了起来。

必须注意到，这些袋子都挂在一片池塘上面，池塘里的水可以用来灭火！

那是达利的池塘。

在这次展览中，您还发明了一种旋转门？它到底是什么？

就是可以转动的门。

就像"门簧"一样？

就是这样。旋转门通常用来挂图纸和物件。中间的火盆是唯一的光源。人们看不到那些画作。曼·雷有一个想法：给每位参观者发一个手电筒，用来观看他们想看到的东西。

是的，但几个小时之后手电筒就没电了吧？

它们很快就没电了。说到底，这挺可悲的。另外还有一个有趣的细节，就是咖啡的香味。我们在角落里放了一个电炉，上面煮着咖啡。这就给整个大厅带来了一种绝妙的香味，而这同样是展览的一部分。这也相当超现实主义。

您为什么在开幕式前夜启程前往纽约？

我已经把之前该做的事情都做了，而且我讨厌开幕式。这类展览很可怕……

这种事您曾经做过好几次，但现在您不这样做了，因为您专程到伦敦去，就是为了您在泰特美术馆的开幕式。

是的，我特意去了伦敦。我还出席了晚宴。

您变得规矩了。

我变规矩了。我承认。

您屈服了。

啊！你信吗？

1939 年，您出版了一本印刷和修改后的现成品合集。

在哪里出的？我不记得了。

在居伊·莱维-马诺[1]出版社。

啊！这是另一件事。这些都是双关语，我不知道大家为什么都把它们称为"现成品"。印刷，修改。是的，的确如此。我相信之前自己已经提到过"所有种类的踢法"[2]。我已经记不清准确的标题了。后来我还有一个。总之挺漂亮。那时候我为布勒东做了一个封面，一个砖砌的落地窗，也是在莱维-马诺那里出的。所有这些都被我用到了《手提箱式盒》中。我让人冲印了底片，然后我为自己额外加印了四百份。这种方式稍微经济一些。

您的"所有种类的毛发和踢法"是一种语序颠倒的游戏。它还出现在《手提箱式盒》中那些誊写的乐谱上。

1　居伊·莱维-马诺（Guy Lévis-Mano，1904—1980）：法国著名出版商。1923 年成立 GLM 出版社，以出版小众书籍为主，对印刷的字体、书籍的尺寸等问题高度关注，在出版界颇有名气。

2　1939 年杜尚以罗丝·塞拉维的笔名出版了一本题为"所有种类的毛发和踢法"的格言录。按照原文语序直译过来，则是"毛发和踢法的所有种类"。"毛发"是杜尚偏爱的一种手段，比如给蒙娜丽莎加上胡子，在他的作品中对"毛发"有过多样化的使用。

我在《光学碟片》与《旋转浮雕》上也使用过。好几种已经出版了。

那段时间您靠什么为生？

我不知道。对此我一无所知。

您总是用同样的答案回复我！

但我真的对此一无所知。你自己也同样不知道！

啊！我，我当然知道！

没有人知道我是怎么生活的。这个问题真的不存在什么准确答案。我可以告诉你，我卖掉了布朗库西的作品，这大概是真的。1939 年，在我的阁楼里还存着不少布朗库西的东西。我去找罗谢，我给他一个，他就给我一笔不菲的款项。另外，你知道，生活真的花不了多少钱。我真的没有属于自己的房子。在巴黎时，我住在拉里街。在纽约，每月的房租是四十美元。这是最低开销。生活，这主要是一个花钱的问题，而不是挣钱的问题。必须搞清楚自己到底想要带着哪些东西生活。

这是一个统筹问题吗?

是的。我的生活成本很低。这不是什么困难。当然我也遇到过艰难的时刻。

1942 年,您回到了纽约,在那里待了四年。战争期间您在纽约的生活怎么样?

非常有趣,因为佩吉·古根海姆[1]也回来了。此外所有超现实主义者都到了,布勒东、马松[2],等等。当时有过很多活动。布勒东常常举行聚会,我也会去。但我从来不在任何请愿书之类的东西上签字。布勒东还得工作。战争期间,他与乔治·杜图伊[3]和他们的朋友在"美国之音"做节目。这确实是一个不错的活计。

您参加过那些示威活动吗?

---

1 佩吉·古根海姆(Peggy Guggenheim,1898—1979):美国艺术收藏家,杜尚的好友。

2 安德烈·马松(André Masson,1896—1987):法国艺术家。超现实主义绘画的代表人物之一。

3 乔治·杜图伊(Georges Duthuit,1891—1973):法国作家、艺术评论家和历史学家。

没有什么示威活动。我会去布勒东家。我们经常聚会，做一些超现实主义的小游戏。他有一些活动，但语言严重困扰着我们。我们做不了什么大事，而我们能用法语做的，都没什么用处。

在一战和二战期间，您都在纽约生活过。1943 年的纽约与 1915 年的纽约有什么区别？

差别巨大。从社会结构的角度看，二者完全不同。1915 年或者 1916 年的时候，个人所得税几乎不存在。1929 年的金融危机之后，所有这些东西都变成了法律，彻底改变了人们的生活。金融危机之后，形成了一种比危机前更加暴力得多的资本主义形态。轻松的生活在 1929 年或者 1930 年之后便结束了。

当时欧洲艺术家在纽约都工作繁重吗？

他们继续着繁重的工作。

相反，您却没有做什么大不了的事情。您为布勒东的杂志设计了两三个封面，还有两三个展示柜。不过，如果根据当时留在美国的那些人（例如马松）的话判断，您在所有人眼里都是最具声望的人。您拥有一种非凡的伦理立场。

你可以这么理解。这主要是因为我在纽约住了很长时间，在那里认识很多人。这一切说到底，都仅限于一个很小的圈子，仅限于人口中一个极小的比例。

我不相信。

真的。由于我没做过展，所以也就没收到多少关注。主要是那些想要了解布勒东的美国人感兴趣，布勒东在那边拥有巨大的影响力。这种影响力正是开始于那个时候，因为在二战前，存在过一个叫作"联邦艺术工程[1]"或者诸如此类的官方组织，每个月给每位艺术家发三十到四十美元，条件是把他们的画作当成礼物送给国家，这样就能让艺术家们活下去。这是一场彻底的惨败。国家的仓库里堆满了所有这些艺术家们毫无价值的破烂。战争开始以后，多亏了欧洲艺术家的出现，情况才发生了变化，并形成了绘画运动的声势，被称作"表现主义抽象派"，持续了二十年，直到现在还没有完全结束，从中产生了一些影响力很大的超级明星，比如

---

1 联邦艺术工程是由美国工程进度管理局赞助的五个联邦项目之一，开始于1935年，结束于1943年。是罗斯福新政中最大的艺术项目，在大萧条期间维持了大约一万名艺术家和手工艺人的生活。

马瑟韦尔[1]或者德·库宁[2]，他们赚钱都非常容易。

美国先锋派是 1940 年至 1945 年在战争期间诞生的。

他们完全承认这一点。布勒东的影响力遍及各地。当然，他们总是说，他们靠着自己做出了超凡脱俗的东西，不过还是承认其源头，也就是布勒东、马松、马克斯·恩斯特、达利，他们和这些人经常在一起厮混，马塔也一样。

您为什么同意为耶鲁大学匿名者协会的藏品目录编写简介？这不是给您干的那种工作，而且这些简介的平庸性也相当出人意料。

凯瑟琳·德雷尔的藏品中有许多有趣的东西，她想要在此基础上做一项完全传统的工作，不会冒犯到任何人。她找我帮忙，我无法拒绝。我给予了这件事比它本身更多的重要性。当时我换了工作，我成了一个编年史家。我不是太成功，但也尽力不要太过愚蠢。不幸的是，有那么几

1　罗伯特·马瑟韦尔（Robert Motherwell，1915—1991）：美国抽象派画家。

2　威廉·德·库宁（Willem de Kooning，1904—1997）：美国抽象派画家。

回我确实很蠢。我搞了一些文字游戏。关于毕加索，我之前说过，在任何时代，公众都需要一位明星，无论是物理学领域的爱因斯坦，还是绘画领域的毕加索。这是观看者和公众的特征。

在这时候，勒贝尔说："对您来说，批评者的角色是空缺的。"

是的，但批评者又是什么呢？

事实上，当我们就某位艺术家撰写一段评语时，我们都会选边站。您看起来拒绝这么做。

是的。我不选边站。评语要么是传记性的，要么是描述性的。这是一批藏品，不需要给出什么评价，而且我的判断也不重要。我不想当作家。仅仅是把我所了解的东西放在恰当的位置上而已。

您用美国国旗做了一个乔治·华盛顿的头像，在纽约引起了非议。

是的。我也不知道为什么。事情就这么发生了。亚历克斯·利伯曼[1]——他既是画家也是《时尚》杂志的主编，我想他现在还是主编——问我是否愿意为7月4日的美国国庆做个封面，相当于法国的7月14日。我同意了。我做了一个美国地图形状的乔治·华盛顿，用美国国旗代替了他的脸。然而，我那些红色条纹看起来像在流血，让他们感到恐慌。他们认为这将引起非议，于是拒绝了我的方案。他们给我寄来四十美元作为补偿，这幅画从来没有付印过。后来布勒东用三百美元把它买走了。

1945年，《观察》（图35）杂志出了一期关于您的专号。

是的，非常友好。他们经常做关于各色人物的专号。每月一份。他们做过一期马克斯·恩斯特，做过一期马松，这是在他们资金充裕时做的，因为做这些他们需要花很多钱，却什么也赚不回来。他们也做了一期关于我的专号，封面是我设计的，画了一个冒烟的瓶子，瓶子上贴的标签是我军人证中的一页纸。

1945年您回到了巴黎，当然，您没有受到任何注意。

1　亚历克斯·利伯曼（Alex Libermann，1912—1999）：乌克兰裔美国出版人。

啊！完全没有！

您是秘密返回的。

主要是因为我是个逃兵，即便我已经六十岁了！

在这期间您没有加入美国籍吗？

还没有。我正式入籍才过了十年。我是在战争时期的1942 年离开的，我本该在法国当一名抵抗组织成员的。但是从爱国主义的角度看，我并没有那种强烈的情感，我不想再谈这些了。

1946 年时您在巴黎如此鲜为人知，这难道不令人震惊吗？

不，我之前没有做过个展，甚至群展也没参加过。

然而，您依然在当代艺术中占据着中心位置。

四十年后。这就是我已经跟你说过的话。有些人天生缺少机会，而且永远无法脱身，就这么简单。无人问津。情况大概就是这样。然后还有一些商人。他们要保护他们那些劣等货。而我呢，我没东西可卖。他们也没法靠炒作我取乐。我从未帮助过这些可怜的商人们赚钱！一般来说，我要是卖，就直接卖给阿伦斯伯格。

这种私密性让您很高兴吧？

对此我从来没有抱怨过。是你一直在给我灌输这些想法。

您从来没有什么遗憾吗？

遗憾什么？

因为不为人知而遗憾。

不，完全没有。绝对没有任何遗憾。

与您的大哥维永相比，那时候他已经被视为一位大画家了。

维永在家族中占据了这个位置，我感到非常高兴。

您不嫉妒吗？

啊！不，一点也不。首先，在我们之间存在十二岁的差距。嫉妒通常存在于同龄人之间。十二岁的差距在很大程度上避免了嫉妒。

在第一次超现实主义大展九年后的 1947 年，您再次成为玛格画廊[1]展览的组织者之一。

是的。我提出搞一场人造雨，让雨水洒在铺有人造草皮的坡道和台球桌上。我最开始还提出要搞一个迷信行为大厅。这一切都实现了。但我没去。

忠于您的习惯，您在开幕式前夜动身前往纽约。

不，不是前夜，我很早以前就离开了。布勒东曾请求凯斯勒[2]从纽约赶过来指导工作。作为建筑师，他比我更有资格组织一场超现实主义展览。当我 1942 年抵达纽约时，

1　玛格画廊 1946 年由艾梅·玛格（Aimé Maeght，1906—1985）在巴黎成立，1947 年举办了超现实主义国际展。

2　弗雷德里克·约翰·凯斯勒（Frederick John Kiesler，1890—1965）：美国建筑师。

在那里还有另一场超现实主义展览。

用了迷宫的那个吗？

用了许多绳子。你想象一下，这些绳子其实都是火棉做的，一直被我们系在一根灯柱上，我也不知道用了什么办法，总之在一个预定的时刻，绳子烧了起来。由于火棉燃烧时没有火焰，我们都非常害怕。不过我肯定，一切都顺利解决了。这相当好笑。

在玛格画廊，您是画展图册的封面设计者。那是一个橡胶乳房。这对您来说有什么特殊含义吗？

没有。这就是一个和其他想法一样的寻常想法而已。我看到有人在商场里卖这些橡胶假乳房。必须对它们进行最后的加工，因为这些乳房原本使用时是要被藏起来的，所以无需制作各种细节。因此我的工作就是制作出带有粉色乳头的小乳房。

1950年阿伦斯伯格逝世后，他的藏品进入了费城美术馆。您是唯一一位几乎所有作品都收藏在同一座博物馆中的艺术家，这还是相当了不起的。

的确如此，不过这是因为，在此之前，这些作品就已经全都收录于同一套藏品之中了。这是一件自然而然的事情，没有任何准备，也没有事先的意图。当可怜的阿伦斯伯格想把他的藏品送到什么地方从而避开拍卖大厅时，我记得芝加哥美术馆为他提供的条件是，把这些藏品在墙上挂十年，过了这一期限之后则没有任何保证：仓库或者地窖。

哎！没错，博物馆就是这样。纽约大都会博物馆愿意提供五年时间。阿伦斯伯格依然拒绝了。十年的提议也被他拒绝了。最终，费城美术馆给他提供了二十五年。他同意了。现在已经过去十年或者十二年了，再过十二年，所有这些东西也许就要被送进仓库或者地窖了！

1953 年，皮卡比亚弥留之际，您给他发了一份相当令人不安的电报。

给一位弥留之际的朋友写信是很难的。我们不知道该说些什么。必须开个玩笑来转移困难。"再见"，不是吗？

您致电说："亲爱的弗朗西斯，不久再见。"

是的，"不久再见"。这更好。几个月之前，埃德加·瓦莱斯去世时，我也这么做了。巴尊的儿子在哥伦比亚大学为他举办了一场追悼会。他要求我们给他寄几句留言，由他亲自朗读。所以我就简简单单寄去了这个词："不久再见！"这是唯一的出路。如果我们写一份悼词，那就太荒唐了。并不是每个人都是博须埃[1]。

在那段时间，您又重新开始制作现成品了，您已经有十年没做过了。

那不是现成品，是雕刻出来的东西，石膏材料的东西……

您当时已经多久没有工作了？

从 1923 年以来。1934 年的那些东西，那些光学实验，我不计算在内，不过，这也确实是工作，繁重的工作。

《绿盒子》也多少有点分量。

还有《手提箱式盒》。

1　雅克-贝尼涅·利涅尔·博须埃（Jacques-Bénigne Lignel Bossuet，1627—1704）：法国大主教，以布道和演讲而闻名，被许多人认为是有史以来最杰出的演说家之一。

另外，在这些雕塑中，存在着某种色情……

很明显。它们并非那么逼真，不过，还是相当色情的。另外，类似这样的东西我只做过两三样。

《物件—标枪》[1]，阳具现成品，《雌性藤蔓的花瓣》[2]。

是的。《贞洁楔》是我送给夫人蒂尼[3] 的，是我的结婚礼物。现在还放在我们的书桌上。我们通常到哪都带着它，就像婚戒一样，你不觉得吗？贞洁楔里的"楔"取的是楔子的意思，而不是指地点[4]。

是的，我明白。

1　《物件—标枪》(*L'objet-dard*)：杜尚在标题中玩了一个游戏，作品名中"dard"在法语中既有"标枪"的意义，也是对阳具的隐喻。此外，"dard"在法语中与"d'art"读音相同，因此也可以理解成"艺术品"，充满讽刺意味。

2　《雌性藤蔓的花瓣》创作于1950年至1961年。《雌性藤蔓的花瓣》《物件—标枪》和《贞洁楔》这三件有关色情的雕塑作品，都是杜尚最后作品《已知条件：1. 瀑布，2. 煤气灯》中用于女性裸体雕塑脱模的石膏模具，杜尚将其拆分开，把模具做成了三件不同的雕塑品，但是在《已知条件：1. 瀑布，2. 煤气灯》公开之前大家都不知道它们之间的因果联系。在该访谈中，杜尚对自己这件最后的作品同样只字未提。

3　阿列克西娜·杜尚 (Alexina Duchamp, 1906—1995)："蒂尼"是她的昵称。1929年嫁给画家亨利·马蒂斯的儿子皮埃尔·马蒂斯，1949年离异。1954年与杜尚结婚，成为杜尚的第二任妻子。

4　法语"coin"一词除了"楔子"之外，还有"角落"的意思。

这让我觉得很有趣。

就像《雌性藤蔓的花瓣》，造型是女性的性器官。在您的作品中色情拥有怎样的位置？

重要的位置。可见乃至醒目，或者起码是暗藏其中。

比如在《新娘》中？

那是一种寻常的游戏，不过某种色情被装了进去，你可以理解成一种尚未开启的色情。这也不是暗示，而是某种色情的气氛。一切都基于这种色情气氛，而没有染上很多麻烦。我非常相信色情，因为这实在是一件在整个世界上都相当普遍的事情，是一件大家都能理解的事情。如果你愿意的话，它完全可以替代其他文学流派嘴里的"象征主义"或者"浪漫主义"。因此，完全可以把它称作另一种"主义"[1]。你会对我说，在浪漫主义中同样可以有色情。不过如果我们把色情当作最重要的基础和目标来加以使用，那么在流派的意义上，就可以具有"主义"的形式了。

1　"色情"（érotisme）一词在法语中的词尾恰好与"主义"（isme）相同。

您对色情有什么个人化的定义吗？

我没有给色情赋予什么个人定义，不过说到底，这的确是一种方式，去试着把那些由于天主教、由于社会规范始终被隐藏起来的东西大白于天下——这些东西并不一定只属于色情。能够允许自己去揭示它们，并且把它们故意交给所有人去支配，我认为这么做非常重要，因为这是一切的基础，而且人们一直避而不谈。色情是一个主题，甚至更像一种"主义"，是在《大玻璃》那段时间我一切所作所为的基础。这使我不必回到现存的理论、美学或者其他东西上去。

这种色情已经乔装打扮在您的作品中很长时间了。

始终乔装打扮，多多少少，不过并不是在"害羞"的意义上乔装。

不是害羞，是隐藏。

正是如此。

保持隐藏。

是的，隐藏。

1957 年在休斯敦，您在大学里与一群非常严肃的人进行了一场关于艺术的辩论。

是的。正是在那里，我做了一场关于艺术家与媒介的演讲。我念了自己的稿子，然后大家对此进行了讨论。

在这场辩论之后，您宣布："我扮演的角色是艺术上的小丑。"您对自己有一个搞笑的看法！

当然，因为我做所有这些事情，都是被人订购或者要求的。我没有任何理由说："我，我高于这一切，我不想这么做。"这让我觉得很有趣。在公共场合演讲，一般来说是艺术家人生中的大事。如果你不是天生的演讲者，那么公开演讲是非常困难的。对我而言，这就是一场游戏，看看自己到底能做得如何，不要显得太可笑。当我们在五百人面前听到自己的声音时，这是非常不舒服的，除非早就习以为常或者乐在其中，就像那些政治人物。至于我自己，这稍稍扩展了我的视野。之后，我还做过几次演讲，关于我本人和我的作品。始终是同样的主题。

您自视甚高吗？

我并不自视甚高，我开始挣钱了。这是最主要的原因。

为了绕过困难，为了不要被迫陷入那些费解的理论，我总是谈自己的工作。当我放幻灯片时，我会或多或少对每一幅画进行解释。形成体系之后就很简单了。讲座经常在美国举办，会邀请很多艺术家过来发言，通常是在学生面前。

我们有这样一种印象，每当您明确表明某种立场时，您就会通过反讽或挖苦去削弱它。

一直如此。因为我根本不相信什么立场。

那么您相信什么？

什么都不信！"信仰"这个词也同样是一个错误。就和"评判"这个词一样。地球就建立在这些糟糕透顶的材料之上。我希望在月球上不会是这个样子！

无论如何，您总归相信自己吧？

不。

自己也不信？

我不相信"存在"这个词，"存在"的概念是人为捏造的。

您这么喜欢词语吗？

啊！是的，诗意的词语。

"存在"也是很有诗意的。

不，完全没有。这个关键概念事实上根本不存在。我不相信这个概念，不过有些人却钢铁般坚信不疑。人们甚至没有想过不去相信"我是／我存在"这样的词，不是吗？

最有诗意的词是哪个？

我不知道。我手头没有。总之，是那些被其意义所曲解的词语。

文字游戏？

是的，文字游戏。谐音或者诸如此类的东西，例如"延迟在玻璃中"。这些东西让我非常有兴趣。倒装也有点韵味。

甚至"杜尚"[1]一词也非常诗意。

是的。不过雅克·维永急匆匆地改了名字，不仅将"杜尚"改成了"维永"，还把"加斯东"改成了"雅克"。在某些时代，有些词语会失掉它们的味道。

您是三兄弟中唯一保持姓名不变的人。

我多少有点这方面的义务。我们三个中间总要有人这么做的!

1　"杜尚"（duchamp）如果从法语的角度，可以理解为"du champ"，即"来自田野"。

我过着咖啡馆伙计的生活

您刚从伦敦回来，泰特美术馆正在举办一场关于您作品的重要回顾展。我认为展览属于您所抗拒的那种"哗众取宠"吧？

展览永远都是这样！你站在现场，展示你的产品，此时此刻我们都成了演员。从藏身画室中作画的画家，到展会上的演员，只有一步之遥。你必须出席开幕式，然后大家纷纷向你道贺，这太浮夸了！

这种浮夸您之前拒绝了一辈子，现在又心甘情愿地接受了。

人会变的。我们可以接受一切并且依然保持微笑。不必陷入太深。我们选择接受，是为了让人们开心，多于让自己开心。这是一种礼貌，直到有一天这种礼貌变成一种不可或缺的致敬为止。如果这种礼貌足够真诚的话。

当时情况是这样吗？

暂时是这样，但事情并非始终如此。世界上每天都有六千个画展，如果参展的艺术家们都觉得这对他们而言是世界末日，或者相反，觉得这是他们事业的顶峰，这多少有点可笑。无论如何，都应该把自己视为这六千个画家之一。

关于您的个展已经有过几次了？

三次。芝加哥那次我甚至都记不清了……

在艺术俱乐部。

两年前在加州帕萨迪纳有一个展览，展出的东西很多。他们从费城美术馆借来了好几件东西。展览相当完整。另外还有一次个展，是去年在纽约的艾克斯特罗姆画廊[1]，不过相较而言没那么全面。

1　考迪耶与艾克斯特罗姆画廊（Cordier and Ekstrom Gallery）于 1965 年依托玛丽·西斯勒的藏品举办了关于杜尚的个人展，题为《马塞尔·杜尚／罗丝·塞拉维，未见和／或罕见的》。

米兰的施瓦茨那里也办过一个关于现成品的展览。

是的，的确如此。施瓦茨那里搞过一两场，因为这件事他很热衷。以前我经常和我的两个哥哥一起群展。我应该和维永还有杜尚-维永一起在古根海姆博物馆展出过。不过人们所谓的那种"个展"，在我的一生中并没有几次。

我想到了现在那些年轻人，在二十来岁的年纪，就摩拳擦掌准备搞自己的个展。他们以为这样就足以成为一个大画家了！

除了费城美术馆中阿伦斯伯格的藏品之外，您的其他作品都在哪里？

有一批很重要的东西在玛丽·西斯勒那里，她至少购买过五十多件，都是在巴黎这边的朋友家里找到的，之前被我送给了我那些朋友。主要都是些很老的东西，有1902年的、1905年的、1910年的，玛丽用它们组成了自己丰富的收藏。去年她在伦敦[1]的艾克斯特罗姆画廊展出了全部作品。那真是一个卓越而且完整的展览，我觉得无可挑剔。亨利-皮埃尔·罗谢手上也有一些我以前送给他的老东西。还

---

1 该展览的举办地点应为纽约，此处"伦敦"为口误。

有一些在我的亲戚那里，在我妹妹苏珊娜手上。纽约现代艺术博物馆里也有一些，是卡特琳·德雷尔捐赠的部分藏品。另外还有一些私人藏家，包括爱德蒙·邦赛尔、安德烈·布勒东及巴西的玛利亚·马丁斯。住在威尼斯的佩吉·古根海姆拥有那幅《忧伤男青年》。我记不清耶鲁大学的匿名者协会存放了哪些藏品了。我的妻子蒂尼在我们纽约的家中也留了几个小东西。

我估计如今收藏于巴黎现代艺术馆中的《下棋者》是您唯一一幅收藏于欧洲博物馆的画作吧？

是的，我也这么认为。我没见过别的。其他地方都没有，的确如此。

您对泰特美术馆的回顾展有什么印象？

很棒。当重温记忆时，我们会看得更加清晰。我们顺着编年顺序一一观看，这真是一个已经死掉的先生，在身后留下了他的人生。大致就是这样，除了我还没死之外！每件东西都为我唤醒了一段记忆，在那些令我不快、羞愧甚至想要销毁的东西面前，我没有感到任何拘束。不，完全没有。只是简简单单、客客气气地赤裸呈现罢了，没有冲突，没有悔恨。这相当惬意。

您是艺术史上第一位拒绝绘画概念的人，因此跳出了人们所谓"想象的博物馆"[1]……

是的。不仅包括架上绘画，而且是无论哪种绘画。

您也可以说就是二维空间。

我觉得对于我们这样的时代而言，这是一个非常不错的解决办法。在这个时代，不可能再继续搞绘画了，绘画已经存在了四五百年，它作为一个领域没有任何理由永恒不变。因此，如果能够找到别的表现手法，就应该好好利用。这是目前所有的艺术门类中都在发生的事情。在音乐方面，那些全新的电子乐器便是公众对艺术的态度发生转变的征兆。绘画再也不是餐厅或客厅中的装饰品了。人们想到了用其他东西去做装饰。你可以这么理解，艺术正在以符号的形式出现，它再也不会被贬低到装饰品的水平了。就是这种体

---

1 "想象的博物馆"特指某个人自己所喜欢并重视的一系列艺术品，并在自己的脑海中想象出一座博物馆收集这些艺术品。该表述在 1947 年法国作家安德烈·马尔罗（André Malraux，1901—1976）出版艺术批评名著《想象的博物馆》之后变得广为人知。

会在我的人生中指引了我。

您认为架上绘画已死吗？

对眼下而言，以及在五十或者一百年内，它确实已经死了，至少是回不来了。我们也不知道为什么，不过也没什么原因。艺术家们被给予了新的技法、新的色彩、新的思路。现代世界被接纳进来并且成为必要，甚至在绘画中也一样。它迫使各种事情自然而然地、正常地发生变化。

在您看来，最伟大的当代画家都有哪些人？

哦！当代……我不知道。当代从何时算起？ 1900 年吗？

如果您愿意的话，就从五十年前算起吧。

在印象派里面，修拉比塞尚更让我感兴趣。之后，马蒂斯让我极其感兴趣。在野兽派中，让我这么有兴趣的人很少。尽管布拉克作为野兽派也曾相当重要，但他主要是立体主义者。随之而来的就是毕加索，仿佛一座非常明亮的灯塔：他填补了一个大众所需要的角色，一个当红明星的角色。只要这种状态能够持续，那么也挺好。马奈在本世纪初也经历过这种状态。从前人们谈论绘画时，永远在谈马奈，好像没了马奈绘画就不存在了一样。

对于我们这个时代而言，我不知道有哪些人。这很难判断。我很喜欢那些年轻的波普艺术家。我喜欢他们是因为，他们已经多少摆脱了一点我们之前谈论过的视网膜概念。我在他们身上发现了一种真正新颖的东西，不一样的东西，而从本世纪开始，一连串的绘画都趋向于抽象。最开始，印象派以一种特殊的着色方式简化了风景，之后，野兽派通过融入变形进一步简化，变形是我们这个时代的特征之一，也不知道为什么。为什么所有艺术家都沉迷于变形呢？这似乎是出于对摄影的某种反应，对此我不是很肯定。从素描的角度，摄影给出了某种极其准确的东西，因此如果一位艺术家想搞点别的东西，他就会说："这很简单，我要尽我所能地去加以变形，这样我就能彻底摆脱摄影的表现方式了。"这一点在所有画家身上都很明显，无论他是野兽派、立体主义甚至达达或者超现实主义。

在最近的波普艺术家身上，这种变形的概念变少了。他们借用了现成的物品、现成的图画、各种海报，等等。因此这是一种完全不同的态度，使他们在我眼中变得有趣起来。我不想说他们都是天才，因为这并不怎么重要。事情在二十年、二十五年或者更短的时间内就会告一段落。到时候我们把这些东西放哪呢？卢浮宫里？我完全不知道，也完全不重要。看看那些前拉斐尔派[1]吧，他们曾点燃了一朵小小的火焰，直到今天无论如何依然还在闪动。人们并不太喜欢他们，但他们终会归来，人们必将为他们平反昭雪。

您相信这一点？

哦！当然。你回想一下新艺术运动[2]、现代风格[3]、埃菲尔铁塔及其余的一切吧。

每过二三十年，人们就会平反昭雪一些他们在四十年前曾经拒斥的东西。

这几乎是不由自主的，尤其在过去的两个世纪中。因为在那段时间里人们目睹了一个"主义"接着一个"主义"，曾经有过浪漫主义，持续了四十年，然后是写实主义、印象

1　前拉斐尔派：1848 年成立的一个英国绘画团体，反对米开朗基罗与拉斐尔之后的艺术趋势，强调要回到拉斐尔之前，因此得名。

2　新艺术运动（l'Art nouveau）：开始于 19 世纪 80 年代并在 1910 年左右达到顶峰的欧洲艺术运动。

3　现代风格（modern style）：特指 1880 年前后英国兴起的一种艺术、建筑与设计潮流。是新艺术运动在英国的变体。

主义、分色主义 [1]、野兽主义 [2]，等等。

在您与斯维尼在美国电视上的系列访谈中，我留意到这样一句话："当一位不知名艺术家给我带来某种新东西的时候，我会深表感谢。"对您而言，新意到底指的是什么？

我并没有见过太多。如果有人给我带来什么极其新颖的东西，那么我一定是第一个想要去理解它的人。不过我也有自己的过去，这使我在观看或者想要去观看时遇到了一些困难。我们都在自己身上积累着某种或好或坏的审美范式，当你观看某个东西的时候，如果它没有在你身上产生共鸣，你甚至不会去看它。尽管如此，我还是会尝试一下。我始终尝试卸下包袱，至少在我观看所谓"新"东西的时候。

您一生中看到过哪些新颖的东西？

没什么大不了的东西。波普艺术相当新颖，视幻艺术 [3]

---

1 分色主义（le divisionnisme）：19 世纪末由修拉倡导的一种绘画理论，强调将一种颜色分割为单个的点或小块，并由此产生了点彩。

2 在法语中，"impressionnisme"（印象派）和"fauvisme"（野兽派）这两个词均以"isme"（主义）结尾，故而在这里将其译作"印象主义""野兽主义"，其实就是汉语中通行的"印象派"和"野兽派"。

3 视幻艺术（op art）：兴起于 20 世纪初，"op"是"optical"（"视觉"）一词的缩写。也称为"欧普艺术"或者"光效艺术"，利用光学技术营造独特的艺术效果。

也算新颖，不过对我而言，它并没有提供一个广阔的未来。恐怕当人们搞了二十次之后，它很快就到头了。视幻艺术太单调、太重复，而在波普艺术家中间，尤其是那些法国人身上，比如阿赫曼[1]还有丹格利[2]，他们都做出了一些三十年前根本无法想象的非常个性化的东西。

我不会对那些自己更看好的东西赋予太多的重要性。仅仅是一种个人见解而已。关于所有这些东西，我无意大声宣扬什么决定性的判断。

那马赫提亚·荷斯[3]呢？

我挺喜欢他。他非常难以理解，因为他做的东西相当冒犯，理由是他引进了令人不适的霓虹灯管。我明白他想要什么。我认识他，见过他，喜欢他这个人，他的思维非常活跃。至少，他会逐渐做出改变，哪怕最开始的念头始终如一，他也会找到其他的表达方式。

所有这些年轻画家都有点像是您的后代。

1　阿赫曼·费尔南德斯（Armand Fernandez，1928—2005）：法裔美籍艺术家。

2　让·丹格利（Jean Tinguely，1925—1991）：瑞士艺术家。

3　马赫提亚·荷斯（Martial Raysse，1936—2011）：法国艺术家。

确实有人这么说……我想每一代年轻人都需要一个典范。在这种情况下，我便扮演了这个角色。对此我深感荣幸。不过这并不意味着更多的东西。我曾经做过的东西和他们正在做的事情之间，没有什么明显的相同之处。另外，我只做了尽可能少的东西。这和时下流行的思想正好相反，现在人们都想尽可能多做一些，为了尽可能多赚钱。

很多人看到那些年轻人正在做的东西，觉得我有过一些与他们相似的念头，因此在我们之间存在某种友好的交流。如此而已。即便在纽约，我也没有见过多少艺术家。我在巴黎见过荷斯，后来在纽约又见过一次。斯波利[1]、阿赫曼和丹格利都非常聪明。

阿赫曼学识深厚。

是的，非常有学问，超乎想象。我相当佩服。由于我自己并没有多少"文化"（从这个词的本意上来说），因此那些能够谈论我完全不了解的事情，而且谈得头头是道的人，总会让我感到惊讶。这并非艺术家的普遍情况，艺术家一般来说都是凭本能行事的。

1　达尼尔·斯波利（Daniel Spoerri, 1930—　）: 瑞士艺术家。

您认不认识这样一位小伙子，他被朋友们称作"杜尚二号"，住在尼斯，名叫"本"：本雅明·沃蒂埃[1]？

没有，从没见过。

您听人提起过他吗？

没有。你知道，我去尼斯的时候，只在那里待一个晚上而已。不过我似乎收到过一些文稿，上面有一些相当奇妙的东西……

"本"是一个三十五岁左右的小伙子，认为艺术品主要在于意图，试图把他的生活打造成一件艺术品。他呈现自我，而不是展出作品。他在伦敦一间画廊的橱窗里把自己展示了十五天。

对，对。我想就是这个。我通过书信了解到一些东西……不过私下里我并不认识他。他是阿赫曼的朋友吗？

是的，他和荷斯及阿赫曼一样，都来自尼斯。他属于

1　本雅明·沃蒂埃（Benjamin Vautier, 1935—　）：法国艺术家，艺名"本"。

人们所谓的"尼斯派"[1]。他竟然从未试图和您联系，这很让人好奇。

如果他人在尼斯，那么我应该去会会他。

考虑到您在他心中的重要性，应该是他来拜访您。

这倒不一定。这取决于他的经济状况！

他是个卖唱片的[2]。毫无疑问，他的一举一动在尼斯造成了巨大的非议。

我要找机会去看看他。尼斯派最重要的特色就是滑稽古怪。

巴黎和纽约的艺术氛围有什么不同之处吗？

纽约已经人满为患了。而在巴黎，就我所见，人看起

1　尼斯派诞生于 20 世纪 50 年代末，是一个松散的当代艺术群体，有多国艺术家参与其中。

2　本雅明·沃蒂埃的二手唱片店 1958 年开业，外墙由各种旧物堆砌而成，之后成为尼斯学派的重要聚会场所，后该店铺被蓬皮杜中心整体收藏。

来少一点。当然，圣日耳曼德佩和蒙帕纳斯除外[1]。在巴黎，事情开展起来总是要花很多时间。哪怕出现了一些有意思的人，也影响不到其他人。队伍里的大多数人，总会由于他们所受的教育、他们的习惯及崇拜的偶像而留在原地。这些人总是在肩膀上抬着他们的偶像，你明白吗？他们没有轻松愉快的心态，他们不会说："我年轻，我想干什么就干什么，我还能跳舞。"

美国人没有过去。

他们没有这种往事，我完全赞同。他们在学习艺术史的时候会遇到巨大的困难，而对于法国人或者欧洲人来说，这不过是耳濡目染的事情。我觉得这就是区别所在。

不过一切都可以说变就变。在美国还是法国都一样。在世界各地，再也没有"艺术的国度"，再也没有艺术的首都。不过，美国人热衷于推翻巴黎的统治地位。他们有些愚蠢，因为不管在巴黎还是纽约，根本就没有什么统治地位。如果真的有，那么也许会在东京，因为东京发展得更快。我经常收到从日本寄来的信件，他们很想让我到那里去。我是不会去的。首先，我不想去日本，不想去印度，也不想去中

1　圣日耳曼德佩和蒙帕纳斯是巴黎著名的文艺街区。

国。有欧洲和美洲，我就已经受够了。

您为什么要换美国国籍？

因为在那里我感到了一种更舒心的气氛。在那里我有很多朋友。

不换国籍，您也可以在美国生活啊？

是也不是。换了更简单些。从出行的角度看，拿着美国护照极其方便，甚至不需要检查行李！我轻轻松松带着我的雪茄从一个国家跑到另一个国家，只需要亮出我的美国护照就行了。

您完全可以去搞走私了！

绝对可以。在这个领域我是有发展空间的。

在法国还从来没有搞过关于您的展览，这是怎么回事？

我也不知道。我从没搞懂过。我估计是预算方面的问题。毕竟办一场展览要花很多钱，不仅仅是运费那么简单……

同样昂贵甚至更加昂贵的展览也办过了。

是的，凡·高的，特纳[1]的，这就回到艺术史了，这是另一回事儿。至于现代派……

有许多关于布拉克或者毕加索的展览！

是的，不过相对而言，这花不了多少钱。

保险费很贵。

我同意，保险很贵，不过至少运输费不高。很显然，对于我的情况，保险费是比较高，不过也不是无法解决。英国人就干得不错。

费城美术馆有没有借出阿伦斯伯格的藏品？

是的，但不能超过三个月。这就是此刻正在伦敦发生的事情。

1　约瑟夫·马洛·威廉·特纳（Joseph Mallord William Turner，1775—1851）：英国著名画家。

泰特美术馆的回顾展总共一个半月。我们原本可以提前规划，把剩下的一个半月放在巴黎。

是的，是的。不过也许现代艺术博物馆没有档期。现在那里在展什么？

皮农[1]的回顾展。

……

您认识安德烈·马尔罗[2]吗？

不。我从没见过他。

从来没有任何法国博物馆的负责人请您办过展，这是怎么回事？

去年，马泰[3]联系过我，希望和我见一面。随后我赴约

1　爱德华·皮农（Édouard Pignon，1905—1993）：法国画家。

2　安德烈·马尔罗（André Malraux，1901—1976）：法国作家，时任法国文化部部长。

3　弗朗索瓦·马泰（François Mathey，1917—1993）：法国装饰艺术博物馆负责人。

了。他对我说："我很想与您一起做点事情，但我受制于人。我需要上级同意才行。"此后就没有下文了。他满怀诚意，但仅此而已。多利瓦尔[1]曾经为了一场达达主义的展览来拜访我，他从来没有提过一起共事的可能性。你要注意，这一点并没让我感觉有多难受。我完全理解。如果有人想在巴黎看到一个我的作品展，这事也就办成了。但背后都是些画商，画商在我这里什么也赚不到，你明白吗？

商人也许是这样。那美术馆呢？

美术馆或多或少受到画商的支配。在纽约，现代艺术博物馆完全掌握在商人手中。当然了，这是一种说法，但事实就是这样。博物馆的顾问就是这些商人。活动必须满足一定的经济利益，他们才会决定去做点什么。

至于我，我什么都没说。对展览我并不坚持，我才懒得管。

为您感到幸运！

1　伯纳德·多利瓦尔（Bernard Dorival，1914—2003）：法国现代艺术博物馆负责人。

这些事丝毫影响不到我的睡眠，对此我感到很满意。[1]

您待在巴黎的这三个月里，有哪些展览让您尤其欣赏？

我什么也没看过。

您没有去五月沙龙[2]吗？

没去。我太太去了。我不想去。我不想看展。

您不好奇吗？

不。对这类东西不好奇。请你注意，这并不是某种成见，既不是某种欲望，也不是什么需求，这是一种"无所谓"，从这个词最简单的意义上来讲。

您曾经和我说过，您有过去五月沙龙的打算。

1 事实上，在该访谈结束后不久，1967 年 6 月 7 日至 7 月 2 日，巴黎现代艺术博物馆举办了雷蒙·杜尚-维永与马歇尔·杜尚的双人展。

2 五月沙龙创办于 1943 年，从 1954 年开始，每年五月沙龙都在巴黎市立现代艺术馆举办，是当时重要的当代艺术展之一。

是的，我想过要去。没有任何理由让我不去。我也不知道为什么最后我没去。"艺术"，就这个词的社会意义而言，并不让我感兴趣，即便在那些独立个体身上也一样，比如我非常喜欢的阿赫曼。我的兴趣在于和阿赫曼那样的人一起聊天，远胜于去看看他们做了什么。

对您来说，艺术家的态度比艺术品更加重要？

是的。你可以这么理解，独立个体，作为个体本身，作为独立的大脑，要比他做了什么更让我感兴趣，因为我注意到，大多数艺术家只是在自我重复而已。这也是不得已而为之，永远创新是做不到的。只不过，他们已经养成了一种老套的习惯，比如想要每个月都搞出一幅画。一切都取决于他们工作的速度。他们觉得自己亏欠社会每月一幅或者每年一幅画。

您知道像阿赫曼或者荷斯那样的年轻画家已经挣到大钱了吗？

我知道……成堆的闹钟。这样也挺好。

这没有刺激到您吗？

啊！没有。这倒是让我为他们感到有些惊讶。至于我自己，没有。只不过，如果他们继续堆砌同样的东西，二十年内就会变得没法看了。当然，阿赫曼完全具有改变的能力。

我感觉他是这些人里面最聪明的一位。

是的，我也这么认为。我也非常喜欢丹格利，不过他更像一个机械师。

艺术家有权享受社保，这一点没有刺激到您吗?

你知道，作为一个年过七十的美国公民，我可以从政府那里领取一笔相当可观的款项，而且不用缴纳税款。五十七美元一个月已经不错了。当然，我有权得到这笔钱并不是因为我是艺术家，这只不过是个简单的年龄问题而已。到了六十五岁，为了领取这份补助，就不可以再出去挣钱了。如果你又挣了别的钱，就要从这份补助中扣除。不过，到了七十岁之后，哪怕你每个月挣一百万，你也可以始终领到属于你的五十七美元。

对于偶发艺术[1]，您有哪些想法？

偶发艺术很让我喜欢，因为这玩意儿完全反对架上绘画。

它完全符合您的"观看者"理论。

千真万确。偶发艺术在艺术领域引进了一个从来没人注入过的元素：无聊。做一个东西是为了让人们在观看它的时候感到无聊，我从来没想到过这一点！太可惜了，因为这是一个非常好的点子。说到底，这和约翰·凯奇[2]音乐中的沉默是一个意思，之前没有任何人想到这一点。

还有克莱因[3]笔下的"空白"。

是的。新观念的引进只有在偶发艺术中才是真正有效的。在一块画布上，我们无法制造无聊。当然偶尔可以做

1　偶发艺术（Happenings）：20世纪50年代起源于美国的艺术形式，综合了戏剧、舞蹈与行为艺术等表现方式。偶发艺术注重艺术发生的时间、空间、艺术家的存在及观众的即时参与。

2　约翰·凯奇（John Cage，1912—1992）：美国先锋派作曲家，创作过著名的《4分33秒》，全曲没有任何音符，只有四分三十三秒的沉默。

3　伊夫·克莱因（Yves Klein，1928—1962）：法国艺术家，行为艺术的早期推动者。他在画布上通过对单色的大面积使用表达其对无限性与非物质性的追求。

到，但是用半剧场的方式会更加简单，会有一种令人震惊的速度感。真正的偶发艺术最多不会超过二十分钟，因为人们都是站着的。在某些场合，甚至不给你提供坐下的地方。不过这也在开始改变。

是的，时间越来越长了。

持续两三个小时。最开始，人们都站着围观，然后到了散场的时候，开过来一台割草机，马达轰鸣，强行让众人从草坪上滚蛋[1]！这太过分了，不过相当引人注目，因为确实非常新颖，让观众为之疯狂。

我看过的一些偶发艺术——我只在法国看到过——在我看来非常色情。

是的。

最开始不是这样的吧？

---

1 原文为"f... le camp!"其中的"f..."可能是一句粗话，我将其译为"从草坪上滚蛋"。

不，没那么色情。不过比如说，在让-雅克·勒贝尔[1]那里，有一种对于色情很明显的需求。

最近，有人播出了一段由一个男同性恋乔装成修女跳的脱衣舞……

是的。不过我不知道你有没有看过两三年前的一件东西，在哈斯帕伊大道上，人们把去了毛的鸡互相往对方头上扔。那太吓人了！还有一次，人们在奶油或者泥浆里打滚！实在太可怕了……

您对艺术的发展有何构想？

对此我没有什么构想，因为我不确定这种事有什么深层意义。是人创造了艺术。如果没有人，艺术便不存在。人类的一切发明并不统统站得住脚。艺术没有生物学的天然起源。它取决于某种品位。

在您看来，艺术并不是什么必需品？

---

1 让-雅克·勒贝尔（Jean-Jacques Lebel, 1936—　）：法国艺术家。杜尚研究专家罗贝尔·勒贝尔之子。

那些谈论艺术的人赋予艺术以功能性，他们说："为了解渴，人们需要艺术。"

不过没有哪个社会没有艺术吧？

之所以没有哪个社会没有艺术，是因为宣扬这一看法的人都是那些持此观点的人。我很确定，人们在刚果制作的木勺子，在人类博物馆中令我们赞叹不已，却并不是为了让刚果人赞叹而制作出来的。

不是，不过他们也制作了护符、面具……

是的，但这些护符从本质上是宗教性的。是我们给这些宗教之物冠以"艺术"之名。在原始人身上，"艺术"这个词并不存在。我们一边想着我们自己，想着我们自身的满足感，一边把"艺术"这个词造了出来。我们把它造出来只是为了自己使用：这有点像自慰。对于艺术本质的一面，我并不太相信。我们可以创造一个摈弃艺术的社会，俄国人已经离此不远了。这并不好笑，但这是一件值得思考的事情。俄国人力图实现的东西，现在看起来和五十个国家[1]一道是再也

1　指当时世界上亲苏的国家。

不可能了。国与国之间的联系太多了，交流的通道太多了。

谁是您的朋友？

我有很多朋友。我没有敌人，或者说非常少。有一些人不喜欢我，这是肯定的，但我根本不认识他们。我想说这并不是表达敌意，这又不是一场战争。总体来说，我只有朋友。

谁是您最好的朋友？

毫无疑问是皮卡比亚，作为队友，你可以这么理解。皮埃尔·德·马索很友好。布勒东也很友好，只不过我们没法走得太近。他过度扮演了一个伟人的角色，完全被他的后辈弄糊涂了。

您最近见过他吗？

没有，我很久没见他了。我甚至不敢给他打电话，这太可笑了。

他应该知道您在巴黎。

他甚至抽不出空。这让我很恼火，毕竟我比他年长十岁。我想我有这个权利等来他的一个字条或者一通电话之类的。

现在连罗马教皇都要出门了！

就是啊！他去了耶路撒冷。我不明白布勒东为什么不联系我。不过我也没什么特别的话要和他说。但是出于礼貌，至少朋友之间应该彼此问候。我很愿意这么做，但前提是必须以一种比较便利的方式进行，只要他能够努力迈出一步，我就会立刻回应。[1] 就是这样。仅此而已。这是一种略显艰难的友谊，你明白我想说什么吧？我们不是棋友，你懂了吧？

您住在巴黎这段时间见过哪些人？

没多少。成堆的人想跟我要文章。大多是些专业人士。

和我一样都是些令人生厌的人！

和你一样，一点没错！不过，我想说的是，没有什么新鲜事发生。我不怎么出门。我并不那么喜欢出去。当然，

1　在该访谈录完成后不久的 1966 年 9 月 28 日，布勒东去世了。

我有家人。我太太有一个已婚的女儿[1]在巴黎，我们经常见她，不过我没有见过那些在旅行中认识的人。今天要去见马尔罗，明天要去见另外什么人，我从来不做这种事。我从来没有带着或多或少的官方性质，或者是为了探讨某些问题而去和人社交。我的确过着咖啡馆伙计的生活。

您整天都做些什么？

什么都不做。我经常东奔西走，因为总会有很多约会。我们去了意大利，去了我很喜欢的画家巴鲁切罗家里。他在巨大的白色画布上画了一些特别迷你的东西，必须挨近了看才行。

意大利之后，我们又去了英国。说真的，来了这里之后，我并没有参与什么大不了的活动。另外，我回巴黎时，原本就带着休息的念头。没有什么特别的原因，只是我总是感觉疲劳，甚至为活着感到疲劳。

在纽约您的生活会更加活跃吗？

不。都是一回事。完全相同。区别在于，人们给你打的

1　即阿列克西娜·杜尚与前夫皮埃尔·马蒂斯的女儿雅克琳娜·马蒂斯。

电话会少一些，不会那么想把你逮住。在巴黎，这种危险始终存在。总有人想让你在请愿书上签字，让你加入游戏，让你像他们声称的那样去"介入"。你也自以为必须跟上才行。

您和塞尚一样，担心被人控制住？

是这样。就是这种想法。很多人都这么想。当这种控制不来自一场文学运动时，它就来自一个女人。都是一回事。

去年，在柯厄兹画廊[1]举办了一场三位年轻画家的展览，阿罗约[2]、艾劳[3]和雷卡尔卡蒂[4]，他们共同创作了一系列油画，叫作《马塞尔·杜尚的悲惨结局》[5]。在这些年轻人发表的一篇宣言中，他们对您判处死刑，因为他们指责您缺乏"冒险

1　雷蒙·柯厄兹画廊位于巴黎，1965 年举办了名为《当代艺术中的形象叙事》的三人联展。

2　爱德华多·阿罗约（Eduardo Arroyo，1937—2018）：西班牙画家。

3　吉尔·艾劳（Gilles Aillaud，1928—2005）：法国画家。著名建筑师埃米尔·艾劳之子。

4　安东尼奥·雷卡尔卡蒂（Antonio Recalcati，1938—2022）：意大利画家。

5　《马塞尔·杜尚的悲惨结局》是由上述三位艺术家于 1965 年共同署名的八幅绘画作品。吉尔·艾劳在展览序言中写道："对于希望在时间和空间上表达出真正个体精神的我们来说，这并非创造或挖掘一个新的艺术表现手法的问题，而是提供更多的思维方式。"现收藏于西班牙马德里的索菲亚王后国家艺术中心博物馆。

精神、创新自由、预判意识及超越能力……"您看过这些画作吗?

当然。当时是 10 月,正好在我离开之前。柯厄兹打电话邀请我过去看看。他想向我解释展览的来龙去脉,并且询问我,如果我想把这些画移走,他应该怎么做。我对他说:"不用顾虑太多。二选一,要么你想做点广告宣传,要么你不想做。我无所谓。没什么可说的。这些人想要宣传自己,仅此而已。"这相当失败。

之后有过一场示威活动[1]。超现实主义者们想要撕毁这些画作。

是的,不过我不认为他们会这么做。

对,他们没这么做。

他们想在《战斗报》上登一篇文章。《战斗报》没登。后来他们编写了一本小册子,对那三个人的宣言进行了某种回应。这也算是半个失败了。有几个专栏作家想要对此进行报道。我对他们说:"如果你们想和这几个年轻人保持友善,

___

[1]　当时有四十多位艺术家和作家联名签署了一份请愿书,谴责这三个"罪犯"。

你们就这么去做吧。"对于这类事情我已经看透了。视而不见就是唯一的反驳。在这三位画家中，有一位似乎是个伪哲学家，是个作家。

是的，是艾劳。他是一位建筑师的儿子，是个很有头脑的男孩。不笨。

他会写，而且即便言之无物也能写得很好。不过他却拿一些毫无意义的东西来指责我。

确实，指责您缺乏冒险和创造精神，这很让人震惊。

何塞·皮埃尔[1]来见我，想要抗议。我对他说："什么也不要做。如果你想给他们做宣传，那就去做吧，但你自己是得不到好处的，受益的是他们。"这就是营销"艺术"的开端。

系列中的最后一幅画了您的葬礼……

真妙。

1　何塞·皮埃尔（José Pierre，1927—1999）：法国艺术史家、超现实主义研究专家。

为您下葬的是劳森伯格、欧登伯格、马赫提亚·荷斯、沃霍尔[1]、雷斯塔尼[2]和阿赫曼。

穿着美国海军陆战队的制服。我得跟你承认，这看起来挺有意思。作为画作挺愚蠢的，不过没关系。为了他们想要表现的东西，就必须弄成这样不可。画得很蠢，但也直截了当。他们费了不少劲。

您怎么看待现在的年轻人？

年轻人都很不错，因为他们都很活跃。哪怕是在反对我，这都无所谓。他们想得很多。但没有任何新东西出来，始终来自古人，来自过去。

来自传统。

是的。这就很没意思了。他们没能突破出来。我很确定，当修拉这样的人打算做什么事的时候，他会一口气把过

---

1 安迪·沃霍尔（Andy Warhol, 1928—1987）：美国艺术家，波普艺术的开创者之一。

2 皮埃尔·雷斯塔尼（Pierre Restany, 1930—2003）：法国艺术史家、艺术批评家。

去的东西全丢在一边。甚至野兽派和立体主义者们也会这么做。相比于本世纪中的其他几个时期，今天似乎与过去的联系更为紧密。这就缺少了胆量和原创性……

您如何看待垮掉的一代？

我很喜欢他们。这是青年人全新的活动方式。这非常好。

您对政治感兴趣吗？

不，完全不感兴趣。不要聊这个。我对此一无所知。我完全不理解政治，而且我发现这实在是一种愚蠢的活动，带来不了任何东西。无论引向君主专制还是民主共和，对我来说都毫无区别。你肯定会对我说，人只要在社会中生活，就不得不参与政治，但这绝对不足以证明政治思想本身是什么伟大的艺术。不过政客们倒是相信这一点，他们总觉得自己在做什么了不起的事情！这有点像公证人，像我父亲。政客的风格和公证人的风格是一样的。我还记得父亲家里的契约文书，那种语言风格简直要笑死人。美国律师的语言风格也是如此。我从来不会为了政治而行动。

您认识肯尼迪[1]吗？

不认识，没有私交。他并没有接见过多少艺术家。他太太倒见过不少。他很客气，是个杰出人物，不过有点超出了政治的范畴。当一个杰出的独立个体想要做点什么的时候，无论做什么，无论是不是为了他的国家，他都可以做得很出色。至于肯尼迪，他选择了政治。

您怎么看戴高乐[2]？

我不太会想到他。毕竟我们从青年时期就生活在同一个时代……他大概和我年纪相仿吧？

他比您小三岁。

在好几个时期内他都是英雄，但英雄活得太久，就注

1　此处指约翰·肯尼迪（John Kennedy, 1917—1963），1960 年当选美国总统，1963 年遇刺身亡。

2　夏尔·戴高乐（Charles de Gaulle, 1890—1970）：法国民族英雄，二战期间领导自由法国运动，战后短暂出任临时总统。1958 年重返政坛，制定新宪法，成立法兰西第五共和国并担任第一任总统直至 1969 年。

定要摔倒。贝当[1]就是如此。至于克莱蒙梭[2]，我估计他死得挺早吧？

完全不是，他活到很老才去世。

但他后来就退休了，昏昏沉沉。不管怎么说，他守住了他的荣光。

是的，因为他退居二线了……或者说被迫退居二线了。

好吧，我没什么看法。很多人对戴高乐怨声载道。我听着各种言论，但完全理解不了。人们对于金钱、收入之类的东西有很多特别的想法。这些也从来都不让我感兴趣。我理解不了。

您最喜欢哪些历史人物？

---

1 菲利普·贝当（Philippe Pétain，1856—1951）：法国元帅。一战期间立下赫赫战功，挽救了法军，被誉为民族英雄。二战期间在法国战败后被推上了维希政府元首的位置，成了纳粹的合作者，声名尽毁。

2 乔治·克莱蒙梭（Georges Clemenceau，1841—1929）：法国政治家，一战期间的法国总理，战斗意志坚定，被人们称为"胜利之父"。

历史人物？我不知道。我没有多少特别喜欢的历史人物，因为他们并不是很让我感兴趣，无论他叫拿破仑、恺撒还是谁！一般来说，在他们身上都会存在极大的夸张。大明星的概念不过是对于细枝末节的鼓吹而已。放在过去也是同一回事。两百年后，我们将不得不像在博物馆里一样观看这些人，这是不够的。这一切都建立在人造的历史之上。

您经常看电影吗？

相当频繁。

哪怕在巴黎也常去吗？

是的。我去看了戈达尔[1]的电影《男性，女性》。他的片子我只看过这一部。我其实挺想常去电影院，但没时间。我们什么都没做，却又没时间！去电影院是需要下定决心的。尤其在讷伊，离得太远了……

在纽约时您去得更频繁吗？

1　让-吕克·戈达尔（Jean-Luc Godard，1930—2022）：法国导演。法国新浪潮电影的奠基者之一。1966年完成了《男性，女性》，描绘了法国年轻一代的特殊心态。

只要有空就会去。我尽量只看那种轻松快活的电影，而不是那种愚蠢的伪历史大片。我喜欢那种有趣的好电影。

对您来说电影主要是一种消遣。

啊！是的，完全正确。我不认为电影是一种表达方式。它可以成为一种表达方式，也许以后吧。不过，就像摄影一样，它不过就是用一种机械的方式去做点东西而已。这无法与艺术相提并论。如果艺术还存在的话……

您最近喜欢哪出戏？

我看了《屏风》。我对热内[1]了解不多。我还看过《阳台》的英文版。我很喜欢《屏风》。它令人震惊。

您经常读书吗？

不。完全不。有许多东西我从来没读过，也绝对不会

---

[1] 让·热内（Jean Genet，1910—1986）：法国作家。热内早年曾是个流浪汉，还曾因偷盗罪被捕，后来转而从事写作。《屏风》是热内1961年完成的一部戏剧作品，1966年第一次在巴黎奥戴翁剧院上演。《阳台》则是热内1958年完成的一部戏剧。

去读。比如普鲁斯特。总之，我从来没读过普鲁斯特。在我二十岁的时候，人们认为普鲁斯特比兰波等人重要得多。当然，时代不同了，流行的东西也不同了。不过，大家并不觉得非得读他不可。

那么在当代作家中您读过哪些？

我不了解当代作家。罗伯−格里耶[1]、布托[2]，我都不熟悉。我不了解当下的小说家，不了解新小说、新浪潮。我曾经泛泛地读过一本，兴趣寥寥，不足以做出评论。

在文学方面有哪些人让您感兴趣？

我喜欢的始终是同样的东西。我很喜欢马拉美，因为他在某种意义上比兰波更单纯。对于那些理解马拉美的人来说，也许太过于单纯了。这是一个和修拉同时代的印象派。由于我还没有完全理解他，我乐于从声音的角度，从有声的诗的角度阅读他。吸引我的并不仅仅是诗句的结构或者深邃

1　阿兰·罗伯−格里耶（Alain Robbe-Grillet，1922—2008）：法国作家，新小说代表人物之一。

2　米歇尔·布托（Michel Butor，1926—2016）：法国作家，新小说代表人物之一。

的思想。即便是兰波，说到底，想必也是一个印象派……

您马上要去卡达克斯[1]待两个月。您要去那里做什么？

什么也不做。在那里我有一个非常漂亮、非常舒适的露台。我做了一个遮阳棚。是用木头做的，因为那里常常刮风。三年前做的，不知道去年冬天有没有被毁掉。等我给你寄明信片的时候我会告诉你的！

这个遮阳棚是您最后一件现成品吗？

这也不是什么现成品，只是手工制作而已。

您在卡达克斯的生活与您在巴黎或纽约的生活有区别吗？

我待在阴凉处。这美妙极了。所有人都和我相反，都是冲着太阳去的，为了晒出古铜色。我对此深恶痛绝。

在访谈一开始，您和我说过，"艺术"这个词可能来自

---

1 卡达克斯位于西班牙东部沿海，毗邻法西边界。

梵文，意思是"制作"。除了这个遮阳棚，您难道从来没有想要用双手去"制作"点东西吗？

啊，当然有。我喜欢干手工活。我经常修理各种物件。我完全不像那些不知道如何修理电源插座的人，一碰到这种事就惊慌失措。我已经学会了这些东西的基本原理，可惜不太精通，也不太精确到位。当我看到一些朋友在做同样的事情时，看到他们做得那么好，我很佩服。不过我终归也做到了。亲手做东西让我觉得很有趣。对此我很小心，因为这里面会有让"手"重新归来的危险。不过既然我并不把这一点运用在制作艺术品上，也就过得去了。

您难道从来不想拾起画刷或者铅笔吗？

没有，尤其是画刷。不过我可以做到。如果我脑子里闪过一个类似《大玻璃》的念头，我肯定会去做的。

如果有人愿意出十万美元让您画一幅画呢？

啊！不，没什么可做的！在伦敦的一次会议上，人们向我提问了两个小时。有人问我："如果有人送给您十万美元，您会接受吗？"

我给他们讲了一个故事，那是 1916 年，在纽约，当时克诺德勒[1]在看过《正在下楼梯的裸女》之后，提出要每年给我一万美元，换取我的全部作品。我拒绝了，但我当时并不富裕。我本可以接受这一万美元，但我没有，我立刻就感到了危险。而我当时可以避免这种危险。1915 年到 1916 年的时候，我二十九岁，已经到了自我保护的年纪。我告诉你这些，只是为了向你解释我的态度。如果今天有人要送我十万美元让我做点什么，也是同一回事。

　　我接过一些小的定制要求，比如凯瑟琳·德雷尔的妹妹跟我要的那个糖笼子，她非要拥有我的什么东西不可。我回答她说，我同意做，但条件是她随我做什么。于是我就做了这个笼子。她非常讨厌它，把它卖给了她姐姐，她姐姐也非常讨厌它，又卖给了阿伦斯伯格，一直是同样的价格，三百美元。

　　如果现在有人向您提出同样的请求，您会同意吗？

　　如果涉及友情问题，而且给我自由的话，是的。

　　您会怎么做？

1　查尔斯·克诺德勒（Charles Knoedler，1863—1944）：纽约著名画廊商人。

啊！我不知道。我不可能做一幅油画、一张纸本或一件雕塑。绝对不能。在决定做一件有意义的东西之前，我需要思考两三个月。不能仅仅是一种印象或消遣。必须有一个方向，一种意义。这是唯一指引着我的东西。在开动之前，我必须找到这个意义。所以如果我同意的话，会有长时间的沉默。

您相信上帝吗？

不，完全不信。不要谈这个！对我而言，这个问题根本不存在。上帝是一个人类的发明。为什么要去谈论这种空想？当人类发明出什么东西的时候，总有些人赞成，有些人反对。创造出上帝这个概念真是蠢疯了。我不想说自己既不是无神论者也不是信徒，我根本就不想谈这些。我也没有和你讨论蜜蜂们星期天的生活，不是吗？这完全是一回事。

你知道维也纳逻辑学家的故事吗？

不知道。

维也纳的逻辑学家们设计了一个系统，按照我的理解，其中一切都是同义反复，也就是说都是对逻辑前提的某种重复。在数学中，这种同义反复从最简单的定理发展到最复杂的定理，但一切都在第一个定理之中。于是，形而上学是同义反复，宗教是同义反复，一切都是同义反复，除了黑咖啡不是，因为这里存在感官的某种控制！

眼睛看着黑咖啡，这里面有感官的控制，这是一种真理。而剩下的，全是同义反复。

您思考过死亡吗？

尽可能少思考。从生理学的角度，我们不得不经常思考死亡，到了我这个年纪，但凡头疼脑热或者摔胳膊断腿的时候，死亡就现身了。当我们是无神论者时，我们难免会被自己终将彻底消失的念头侵袭。我并不期待来生或者灵魂转世。这是一种折磨。还不如相信所有这些东西，然后快乐地死去。

您曾在一次访谈中说，总体而言，记者们的问题都让您感到厌烦，只有一个问题，人们从来没有问过您，而您很愿意有人问您，这个问题就是："您身体可好？"

我好得很。我完全没有任何健康问题。我做过一两次手术，我觉得对我这个年龄来说都是很普通的手术，例如前列腺手术。注意！我忍受的是所有七十九岁的男人都在遭遇的问题。我非常幸福。

附录：关于现成品的访谈 [1]

　　马塞尔·杜尚，目前，在法国，有两个关于您的展览正在举办：一个是在现代艺术博物馆的回顾展，对您的作品进行了全方位的展现；另一个就是我们此刻所在的吉沃丹画廊，对所谓"现成品"进行更专门的介绍。我想请您谈谈"现成品"到底是什么意思。这是一个英语表述 [2]，不过说到底它的意思对于大家而言并非一目了然。

　　是的。它的意思是"已经完全做好了"。就像成衣一样。在很久以前，我得出了一个结论。在一幅画中，总有一些"已经完全做好了"的东西：你不做画笔，你不做颜料，你不做画布。那么，走得更远一些，把一切都去掉，甚至把

手也去掉，不是吗，于是就抵达了现成品。再也没有任何东西是被做出来的，一切都"已经完全做好了"。我要做的就是签名，仅仅是为了显示出，是我把它们做了出来。仅此而已，我到此为止，就这么多。结束。这看起来有点好笑，但这是推理走到终点的一个顺其自然的结论。

总之，您完全同意布勒东的定义。我凭记忆引用一下："现成品是一个已经制成的物件，通过艺术家唯一的选择，提升为高贵的艺术品。"我感觉他是这么写的。

可以这样理解：通过艺术家的选择。不过从来都是艺术家的选择。哪怕当你画一幅传统绘画时，也始终存在选择：选择你的颜色，选择你的画布，选择主题，选择一切。一件艺术品，从本质上说，就是一种选择。现成品也是一回事，是对物件的选择。不是去把它制作出来，它已经完全做好了。当然，这种选择，取决于你做出选择的理由。这里有一个相当难以解释的问题：你选择的是在视觉上对于艺术家而言引不起任何兴趣的东西，而不是选择某种让你喜欢或者讨厌的东西。换句话说，对这个物件，要达到一种漠然的状态。到那时，它就成为一件现成品了。如果这是一件让你喜欢的东西，它就像沙滩上的树根一样，你明白吧：它是审美的，是漂亮的，是美丽的，人们会把它放在客厅里。这完全不是现成品的用意。现成品的用意，是摆脱这种美丑的观念。我们可以一天做五十个现成品出来，不过这不是真的。如果你真的一天做五十个，过上三四天你就会发现，这五十个现成品开始让你喜欢或者讨厌了，这并不是我想要的结果。

第一批现成品可以追溯到哪一年？

1913 年。第一件东西是一个自行车轮子，我只是简单地把它装在一张凳子上，看着它旋转。所以在这里，除了现成品之外，它还可以旋转，也就是说，运动也被包含在了现成品的概念之中，这是最早让我感兴趣的运动物体之一。接下来就是没有运动的东西，运动不是必须的，于是就有了 1914 年的《酒瓶架》，之后在 1915 年到 1916 年还有其他东西。不过之后的很长时间，我什么都没做，你知道，我不再做了，因为做太多是有危险的，因为不管什么东西，你知道，无论它有多丑，多么无足轻重，你放心，四十年之后都会变得美丽漂亮……所以，哪怕是现成品这个概念本身，也是非常令人担忧的。

在现成品的基本方法中，我感觉有您所谓的拒绝一切"视网膜的诱惑"。

这有可能，对，不过这是另一回事。这是冲着绘画去的。是冲着油画去的，通常来说，油画做出来就是用来取悦视网膜的，不是吗，是为了根据画作的视网膜效果来加以判断的。再也没有什么日常琐事，再也没有宗教信仰，再也没有其他任何东西了。纯粹从物质上来说，画布上向你传递的东西，都是所谓美感之类……当只剩下这种视网膜效果的时候，我就有点担心。我反对这一点，因此我不是很喜欢抽象艺术，因为抽象艺术除了在视网膜上取悦我之外，再也不寻求别的东西了。在我看来，这是不够的。在宗教的时代，就是宗教。在日常琐事的时代，就是日常琐事。即便纸牌上的图画也是有意义的，你明白吧。然而一张彻头彻尾的抽象画却没有任何这方面的内容。人们已经养成了一种习惯，面对一张抽象画及大量什么也没有解释清楚的文字，会产生一种非同寻常的感觉。不过，这些文字终归在那里。

从您做出第一件现成品那时开始，您难道没有触及这种令您担忧的审美偏好，或者对您而言这完全无所谓？

对我来说，是的！在我身上，是的！不过说到底，我很清楚，人们常常会去寻找令他舒适的一面，并且根据习惯去把它找到。如果你看一件东西二十次、一百次，你就会开始习惯它、喜欢它或者讨厌它。绝对不会彻底无所谓的。所以这是一个难题。最主要的是，对我而言，它们并不让我觉得有兴趣去观看。你明白吧。

那么应该如何观看一件现成品呢？（我不说应该按照哪种模式被观看）

从根本上说，它不应该被观看。它就在那里，仅此而已。我们通过眼睛获知它的存在。但我们并不需要像凝视一幅绘画一样去凝视它。凝神静思的概念完全消失了。仅仅是注意到这是一个酒瓶架，或者一个用途发生改变的酒瓶架而已。

在此地这些正在展示的现成品中，还是有相当多的讲究：它们被悬挂起来，似乎在空中旋转，这就给它们带来了某种运动。

这不太重要。它们并没有绝对的用途，也就是说没有绝对必要的展示方式。比如说，在鲁昂，它们大多放在地上，而不是飘在天上。在这里，它们都悬在空中。没有什么"正确"做法。

那么影子呢？

现成品的影子，这已然是另一种组合了。这或多或少是一种审美行为，不是么，就像一件考尔德的东西。我们不能永远停留在冷漠之中。毕竟，世界并不是冷漠的！

我想，这个投影是您亲手做的吧，这些墙壁上现成品的影子，在这里，有某种具体的意图吗？

不。这仅仅、单纯、主要是为了通过灯光投影出的透视，去展示现成品的另一种形状。然后也是为了改变，为了给一个在我刚刚和你讲述完以后略显严肃的东西赋予一些趣味！

我想提出一个错误的问题，也是很多人在思考的问题：这些现成品，目的是为了对抗传统的艺术品概念，却最终在博物馆里、在展览中被人"消费"，被当成艺术品出售。这里面难道没有某种矛盾吗？

这里面存在一个绝对的矛盾，但这很让人舒服，不是吗！把"矛盾"这一概念引入进来，这个概念本身恰恰也是一种东西，一直没有得到充分探索，你明白吧。更何况这种探索并没有走得很远。如果有人把某个现成品复制八份，比如一件雕塑，像是布德尔[1]或者随便什么人的，那还不算过

---

1 安托万·布德尔（Antoine Bourdelle，1861—1929）：法国雕塑家，罗丹的助手和学生。

分。在一百五十份，在两百份中，会出现一种叫作"多重性"的东西。对此我表示反对，你可以这么理解，因为这实在变得过于庸俗普遍：它以一种无用的方式把一些东西庸俗化了，而这些东西如果被更少的人看到，原本是可以引起某种兴趣的。这个世界上有太多人在看。你必须消减观看者的人数！不过，这是另一个问题。

这不正是我们现在正在做的事情吗！

不，但无论如何，在电视上看到的东西和现实中看到的东西并不是一回事。就像一件复制品：它和原物本身并不是一回事。

我正想和您谈谈这一点！对于一个最初被制作出来的冷漠的物件（我引用了您的术语），为何它的实际出现是必要的呢？为什么一件现成品的复制品不够呢？

可能够了，不过毕竟通常还有三维空间在发挥作用，因为它们不是二维的东西。通常是这样的：我搞出来一个小的现成品，它是艺术家们用来画小风景画的复制品。有人把模板给他们，他们临摹。我买了一幅这样的风景画，只在上面加了两个小点，一个红点和一个绿点，我把它称作"药房"：为了让它失去常态，为了把它做成一个东西，做成一个现成品。

那么在您家里，一个您没有签过名的酒瓶架，难道无法拥有某种重大意义吗？

这就是我刚刚和你说的：重要的不是现成品的视觉问题，重要的是使它存在这一事实本身。它可以存在于你的记忆之中。你不需要去看它，就可以进入现成品的领域。你明白我想说什么吗？这再也不是视觉性的问题了。可以这么说，艺术品再也不可见了。它完全属于大脑灰质，再也不属于视网膜了。

我想和您谈谈另一个方面：由于缺少更好的术语，姑且称为词语方面。在您现成品的标题及文本中，您混用了许多法语词汇，有的是通过字母或音节的次序颠倒，有的是通过英语法语之间的文字游戏。这让我感觉这种混合非常重要。

是的，对我而言非常重要。在某些情况下，我还添加过一整个句子。在酒瓶架上，当我1914年把它做出来的时候，我写过一整句话。在时间长河中它被我弄丢了，我记不得自己当时写了什么句子了。所以在新的酒瓶架上没有这句话。同样，有好几次我都把标题弄成这样，就像你说的那样，因为这增添了一种"色彩"，用的是这个词的引申义，你可以这么理解。这是一种词语的色彩。就是这一点让我感兴趣，不过完全不是在逻辑的或者描述的意义上。举个例子：如果这里有一个酒瓶架，你放心，我不会在上面写"酒瓶架"。所以，我们要做的，就是通过各种文字增加一个新的维度，这些文字就像带有各种颜料的调色盘一样。我们增添了一种颜色，词语的颜色。

至少在标题中，二者密不可分？

不，也可以没有。不过如果有，对我而言是非常有价值的。

我很想知道，在这里所有的东西中，您是否产生过某种好感。对您而言，是否仍然存在某种近乎物理性的好感，一种创造者面对其创造物的好感……

当然，总归存在感性的一面，没法阻止它发挥作用。不过这完全不会影响我睡觉，我向你保证，我完全没考虑过那些现成品。我从来没有像现在这样思考过它们，因为三十年来没有任何人谈论这些，包括我在内。因此，它有点被淡忘了，仅此而已，而现在又重新出现了。然后，过不了五六年，大家就不会再谈论它们了。

那么为什么现在要谈论它们呢？说到底，是因为人们把您打造成了一位先驱，甚至是一个流派的领袖。倒也不是不顾您的意愿，因为这并不会让您动摇。

首先，流派是很无聊的东西。可是，流派的领袖就更糟糕了，你明白吧！人们并不知道发生了什么，这相当难以估量。人们无法解释这些东西。这是一种现象。很多人对此感兴趣。他们大概发现这里头有一些比奇闻逸事或者疯狂艺术家的幻想更多的东西，你明白吧。而你知道，我一点也不疯狂。

第一件现成品是1913年制作的。它给你留下了什么印象？毕竟，五十四年过去了，留下了一件作品。

我不知道，因为在那之前我还做过一些东西，甚至是绘画。其中有些东西我已经很久没有看到过了。有人找到了一些1910年到1911年间的东西，我已经有五十年没见过了。这并非令人不快。有一种新鲜的印象，当然，它们已经老旧了，但还没有老得很惨。我不想刺破或者撕碎它们，不想销毁或者破坏它们，不！它们就是它们本身。对于这些东西我毫无羞愧之情。

您目前正在做什么？

我在等死，仅此而已。这么和你说吧，到了一定的年纪，就什么也不需要做了，除非你想做。我不想做。我不想工作，也不想干任何事情。我很好。我觉得当人无所事事，起码是不必工作的时候，生活非常美好！包括绘画在内。艺术方面的问题再也不让我感兴趣了。

对您来说，创造从来就不是一个工作概念：它一直是一个……

是一块绊脚石。我觉得为了谋生而工作是愚蠢的。不过，这又是另一个问题了。

马塞尔·杜尚作品汉译正名
及其有效阐释的生成

郑　毅

作为当下西方艺术研究领域绕不开的人物，"杜尚"二字在中文世界早已不再陌生，尤其是 21 世纪以来，与马塞尔·杜尚相关的各类英语、法语著作多有译介，学术界中提及杜尚的论文更是屡见不鲜。尽管如此，在中文语境中，杜尚的其人其作依旧笼罩着一层神秘的面纱，有学者认为"杜尚的精神实在就是禅的精神"；也有学者认为杜尚就是故弄玄虚的"法国混混"或"回避艺术的懦夫"。这些研究结论可谓天渊之别，互相矛盾。无论何种评价，都说明了杜尚与中国观者之间还隔着一堵无形的墙。在这种神秘氛围的笼罩下，人们依然没有停止在这堵墙上继续添砖加瓦，以至于杜尚至今依然在中国被持续性误读。

笔者认为，误读的成因涉及许多因素，首先考虑的，则是杜尚留下的诸多文字内容如访谈等没有得到正确的译介，这直接导致学术界在对这些错误译文的后续研究阐释中离"本真"的杜尚越来越远。在这当中，关于杜尚作品标题的汉译问题则显得极为突出。因为理解艺术家的第一步就是知其作，识其名。杜尚精心构思、巧妙安排的作品标题常常在汉译过程中遭到简化甚至篡改，而他本人却明确提到过：

有好几次我都把标题弄成这样，就像你说的那样，因为这增添了一种"色彩"，用的是这个词的引申义，你可以这么理解。这是一种词语的色彩。就是这一点让我感兴趣，不过完全不是在逻辑的或者描述的意义上。举个例子：如果这里有一个酒瓶架，你放心，我不会在上面写"酒瓶架"。所以，我们要做的，就是通过各种文字增加一个新的维度，这些文字就像带有各种颜料的调色盘一样。我们增添了一种颜色，词语的颜色。

杜尚作品的名称构成了一种作品表意层面的重要"颜色"，成了作品意义的组成部分。而错误的汉译名称，不但忽略了名称的重要性，而且切断了名称与作品之间的联系，误解也由此产生。因此，对杜尚作品的汉译进行正名迫在眉睫，只有破除作品汉译名称中的偏差和错误，才能改变我们对其作品的理解雾里看花、管中窥豹的局面，最终增进我们对杜尚的有效理解。

在中文语境中，若要列数杜尚知名度最高的作品，《正在下楼梯的裸女》这个支离破碎的绘画形象与《L.H.O.O.Q.》

中被画上胡子的蒙娜丽莎必然位列其中。但是，对于这两件名声极大的作品，学界的认识却始终存在一些局限和不足，在笔者看来，其原因恰恰涉及了标题中未被我们察觉的隐藏信息。而在法国与美国的杜尚研究界，《新娘被她的单身汉们扒光了，甚至》（一般被简称为《大玻璃》）及其各个部件（其中包括《九个雄性恶搞模具》）则毫无疑问是学者们投入最多精力绞尽脑汁试图解密的杜尚作品，对于杜尚本人来说也意义极重。在这本访谈录中，二人光是谈论这套作品便占据了全书足足五分之一的篇幅（第二章"穿过《大玻璃》"），足见它在杜尚一生创作中的分量。然而，对于这样一件杜尚的核心之作，中文学界的讨论却寥寥无几，笔者认为，前人对其名称的错误翻译，恰恰构成了对其进行有效理解的最大障碍，令人望而却步，最终绕道而行。因此，笔者以这四件重量级作品作为本文的切入点，对它们的汉译名称一一加以"正名"，详细梳理名称与作品意义之间的关联，从而为杜尚作品在中文语境中的有效阐释打下坚实的基础。

一、《正在下楼梯的裸女》

这幅作品的法语原名为 *Nu descendant un escalier*，英文译作 *Nude Descending a Staircase*，是杜尚创作于 1912 年的一幅油画。在中国，它早已成为杜尚绘画的代表作品，几乎无人不知无人不晓。前人往往将其译作《走下楼梯的裸体》《裸女下楼》《下楼梯的裸女》《下楼梯的裸体女人》，等等。

在这些现有的译名中，存在一些问题。首先，将"nu"译作"裸体"是错误的。杜尚曾明确说过，画面中的人物是一个"裸体女人"，所以有必要将译名中的"裸体"更正为"裸女"。更重要的是，在法语原标题中我们可以清晰地看到，杜尚使用了法语中动词"Descendre"（下楼）的现在分词形式"Descendant"，来体现"正在下楼"这个运动过程。英译名中也同样使用了"Descending"这个现在进行时。在现有中译名中，这个至关重要的时态均未得到充分体现。而杜尚的目的，恰恰是要"做一个与传统那种站立坐卧的裸体不一样的裸体，将其置于运动状态之中……运动的出现是我决定作画的理由"。既然"运动"状态是杜尚创作的理由，那么作品名称中的动词时态就不可忽视，所以笔者认为将其译为"正在下楼梯"更能清晰准确地体现杜尚的意志。

此外，这件作品正确的汉译名称对理解作品的历史意义、减少对杜尚的误读十分重要。一些学者误以为，这幅作品之所以被1912年的独立艺术家沙龙拒绝，是因为其绘画技法的拙劣，最终在绘画上走投无路的杜尚被迫另辟蹊径。事实上，这件作品的标题才是它遭到拒绝的根本原因。标题中的"正在下楼"这个运动概念，超出了当时立体主义所勾勒的题材界限。杜尚的两个哥哥为此特意找到弟弟，希望他能在名称上做些调整，以便解决这个麻烦：

他俩穿着黑色的礼服，着装有些过于正式，就好像要去参加葬礼，他们在沙龙正式开幕的前一天去了自家兄弟在纳伊的画室。杜尚回想两位哥哥对自己说的话，他说："立体派认为画有点不对头，觉着作品的标题起得太过分了……难道你就不能改一改标题吗？"……总之，他们的想法就是让我做些修改，好让这件作品能够见人，因为他们不想彻底把它给否了……我没说什么，只说："那好吧。"然后叫了辆出租车去了展会，找到我的画，把它拿回来了。[1]

两个哥哥以如此郑重的态度希望杜尚给这幅作品换个名字，但杜尚却不做一点妥协，可见这个题目一字不可更易的重要性。也许在他们看来，换个《无题》《楼梯上的裸女》之类的名称，或如其他立体派画家一样选个静物式的《裸女与楼梯》，这样修改一番根本无伤大雅，还可以表达与立体派修好的善意。但他们完全不知道，这个名字对杜尚而言，比参加独立画展、融入圈子、抛头露面还重要数倍。此后杜尚与立体主义分道扬镳，目的就是坚持自我，与那帮自称是

---

[1]　卡尔文·汤姆金斯：《杜尚》，兰梅译，武汉大学出版社，2019年9月第1版，第83页。

独立艺术家却又有绝对边界的人划清界限。不惧与潮流格格不入，正是因为骨子里的顽强与不服输。这样的人当然不是什么回避艺术的懦夫。

此外，杜尚还把这幅作品的标题直接画在了画面左下角，这在他的绘画创作中并不常见，可见他对这一标题的喜爱程度之高。这件作品虽然因为其标题在法国遭到排斥，却又恰恰因为其标题在美国轰动一时。美国学者卡尔文·汤姆金斯认为："人们对于《裸女》的反应都是那个标题作的怪，在美国情况似乎确实如此。在艺术里裸女就不该走下楼梯，在绘画时标题也不该写在画布上，艺术家如果这么大不敬地破坏了规矩，肯定是在开玩笑。"[1]对此，杜尚本人在晚年也有所论述："这幅画能引起人们的兴趣，要归功于它的题目。我们没有画过一个正在下楼梯的裸体女人，这太荒唐了。"裸女"正在下楼梯"的状态不完全是杜尚画出来的，还需要观众的主动参与：

在《正在下楼梯的裸女》中，我想要创造一种运动中的静止图像：运动是一种抽象，一种在画作内部的连续推演，除非我们能搞清楚一个真实的人到底有没有从同样真实

1　卡尔文·汤姆金斯：《杜尚》，兰梅译，武汉大学出版社，2019年9月第1版，第119页。

的楼梯上走下来。说到底，运动取决于观众的眼球，是观众把运动掺入了画作。

这个正在下楼的过程，需要观众通过名字的提示，将标题与画面结合，运动过程才能在脑海中复原，所以正确的译名对理解这幅作品不可或缺。综上所述，笔者认为，应该在此作品的中文译名中加入"正在"这个状态加以强调，突出杜尚的"运动"意图。因此，译成《正在下楼梯的裸女》最为合适。

二、《L.H.O.O.Q.》

1919 年，杜尚为蒙娜丽莎明信片添上了几笔胡子，并取名为《L.H.O.O.Q.》。这是他最知名、最具颠覆性的作品之一。其中对传统与经典的戏谑和反叛，使得达达主义者们将其认定为杜尚的"达达"代表作。

不过，达达主义者们如此重视这幅作品的原因，并不止于杜尚在蒙娜丽莎脸上画了胡子，还在于作品的标题。杜尚将情色、幽默、讽刺等成分巧妙地隐藏在了这个名称之中。在杜尚的不少同代人眼中，这个标题比胡须更具震撼力。1919 年，就在杜尚完成《L.H.O.O.Q.》之后不久，他的好友弗朗西斯·皮卡比亚受其启发，创作了一幅《双重世界》，直接把"L.H.O.O.Q."这五个字母写在了作品正中间。这足以证明这几个字母在当时的影响力。

相比名字而言，画面本身其实简单明了，就如杜尚自己所说："小孩子们常会在海报上做这种事，比如把上面人物的牙齿涂黑了，这多少像一次涂鸦，地球人都知道《蒙娜丽莎》，它被世人敬仰，用它来制造一个事件，这事听上去挺诱人。"[1] 所以对杜尚而言，画胡子是一个小孩子都会做的事情，"L.H.O.O.Q."则是成年人的游戏。在中国学术界，当然不乏对这件作品的探讨与论述，但无不聚焦在胡子上。至于《L.H.O.O.Q.》这个标题，却像蒙娜丽莎的微笑一样神秘。有些学者由于不清楚这一串字母的含义，便将其直接称作《带胡子的蒙娜丽莎》《有胡子的蒙娜丽莎》等，以至于后来有学者误以为作品的原名就是《带胡子的蒙娜丽莎》。

事实上，《L.H.O.O.Q.》是杜尚为属于他的蒙娜丽莎量身定做的专属名称。当人们用法语大声读出"L.H.O.O.Q."这五个字母时，可以自然组成一个法语句子"elle a chaud au cul"，意思是"她屁股热"。人们不禁一笑，这个永远保持坐姿的女士，她的屁股一定很热，而这句话中还包含了浓烈的情色意味——"欲求不满"。杜尚经常引用加斯

1　卡尔文·汤姆金斯：《杜尚》，兰梅译，武汉大学出版社，2019 年 9 月第 1 版，第 227 页。

东·德·波沃洛夫斯基的理论："幽默是严格意义的事物相对性；是对我们相信是绝对的东西不断提出的批评；是一扇向各种新的可能性打开着的门，没有它，思想进步就无从谈起。"[1]杜尚通过谐音游戏中的情色将幽默引入作品之中，那个代表着永恒经典的蒙娜丽莎被杜尚踹下了神坛。但对中国观者而言，《L.H.O.O.Q.》这种法语发音的"谐音游戏"是不可译的、独属于法语的。因此，想要搞清楚《L.H.O.O.Q.》的作品名与作品间的关系，就必须对其进行必要的解读和阐释。而在之前大多数有关杜尚的书籍中译本里，译者们都直接挪用《L.H.O.O.Q.》这个标题，并没有进行任何进一步的交代，甚至还出现了将其误写为《L.H.D.Q.》的情况，把名称当成了一段没有意义、不知所云的乱码，遮蔽了这部作品由标题赋予的重要含义。法国学者卡罗琳·克劳丝说过："杜尚给蒙娜丽莎画上胡子，弄得她不男不女时，他暗示着，这张表情神秘的脸遮盖了达·芬奇的同性恋倾向，也遮盖了这个'风骚'的女人。"[2]由胡子带来的"不男不女"是显而易见的，但是不了解名称意义，读者就无法理解这个女人为何"风骚"。因为这种"风骚"

---

1 卡罗琳·克劳丝：《杜尚》，陆汉臻译，北京大学出版社，2010 年 4 月第 1 版，第 143 页。

2 卡罗琳·克劳丝：《杜尚》，陆汉臻译，北京大学出版社，2010 年 4 月第 1 版，第 147 页。

正是作品的标题所赋予的。只有理解了标题才能更加全面地领会到杜尚在作品《L.H.O.O.Q.》中的双层破坏性，名称与胡子双管齐下，对蒙娜丽莎这个艺术史中的永恒之美进行了嘲笑和颠覆。虽然这个法语标题在中文语境中并无有效的方法进行直接汉译，但并不代表这个五个字母就无法处理。在本书中，笔者的处理方式，是在文中加入注释："这是杜尚在《蒙娜丽莎》上画过胡子以后为这幅画取的名字。把这几个字母用法语连读出来的声音是'elle a chaud au cul'。意思是'她屁股热'。蒙娜丽莎永远在画中保持坐姿，对此杜尚进行了嘲讽，同时在法语中还包含了浓烈的情色意味。杜尚通过文字游戏对永远保持坐姿的蒙娜丽莎进行了多重戏谑。"笔者认为，面对这样近乎无法翻译的标题，出于学术的严谨与译者的责任心，给出详细的注解是帮助读者有效理解的唯一手段。

三、《新娘被她的单身汉们扒光了，甚至》

这件作品的法语原名为 *La Mariée mise à nu par ses célibataires, même*，英文名称被译作 *The Bride Stripped Bare by Her Bachelors, Even*。由于名称较长，加上作品的载体是当时艺术界极不寻常的巨大玻璃，因此，无论杜尚本人还是欧美学界都习惯于将其简称为"大玻璃"。

从 1915 年至 1923 年，杜尚在这件作品上倾注了八年的心血。为了打破当时一切现有的艺术手段和美学束缚，杜尚在这件作品中加入了文字游戏、情色、平行透视、计算、四维投影等各种奇思妙想。他全身心投入创作，不惜停止一切艺术活动，直至热情最终消磨殆尽。就是这样一幅如此重要的作品，中文译名却和原作并不对应。译名包括《甚至被她的光棍汉们剥光了衣服的新娘》《新娘，甚至被光棍们剥光了衣服》《新娘甚至被她的光棍儿们扒光了衣裳》《甚至被单身汉们剥光衣服的新娘》，等等。

这些译名中的第一个问题，是"新娘和她的单身汉们"。在法语名和英语译名中，我们可以清晰地看到法语的"Ses"和英语的"Her"，都同样使用了物主代词"她的"。这个不起眼的物主代词被一些中国译者忽略了。首先，从学术严谨的角度出发，对于这个在原文中明确出现的"她的"，我们就应该予以保留。其次，这个"她的"也同样蕴含深意：它代表了这些单身汉们并非与新娘素不相识，而是存在一种统属关系。法国学者卡罗琳·克劳丝也将单身汉们称为"新娘的附属物"[1]。美国学者卡尔文·汤姆金斯认为："杜尚在他的笔记中自始至终谈论着既被动（允许）又主动（欲

1　卡罗琳·克劳丝：《杜尚》，陆汉臻译，北京大学出版社，2010 年 4 月第 1 版，第 106 页。

望）的女性的神秘力量。实际上，单身汉们没有发言权；他们卑屈地对她的欲望想象力做出反应……她仍然是至高无上的主宰，粗野的单身汉们不能伤害和征服她。"[1] 表面上看，是一群单身汉扒光了新娘的衣服，可事实上，这些单身汉就是新娘的附属，扒光衣服只是表象，他们被新娘所代表的欲望奴役了，等待她发号施令，二者之间的权力关系实质完全是颠倒的，这就是杜尚对权力的恶搞，他以戏仿的态度对即将出嫁的女性与围在她身边的单身汉们的关系进行了戏谑甚至略带恶意的阐发。因此，标题中的这个"她的"不可或缺。"新娘与她的单身汉们"这个关系不可改变。

译名中的第二个问题，则是结尾处的"逗号"与"甚至"。这个组合并不符合正常的语法逻辑，让第一眼看到这个作品名称的人感到费解。对此，皮埃尔·卡巴纳曾在访谈中专门询问过杜尚"甚至"一词的意思。杜尚的回答是：

通常来说，题目让我很感兴趣。我在这一刻变身为文学家。词语让我感兴趣。在许多靠在一起的词汇后面，我加了一个逗号和"甚至"，一个没有任何意义的副词，因为不是"他们自己"，与单身汉或者新娘都没有关系。所以这是

1　卡尔文·汤姆金斯：《杜尚》，李星明、晓琳译，湖南美术出版社，1991 年 1 月第 1 版，第 97 页。

一个得到了最优美示范的副词。它没有任何意义。从句子的角度看，在诗学方面，这种反意义让我很感兴趣。

杜尚这里所说的"得到了最优美示范的副词"，是因为逗号和副词的组合通常放在句首或句尾，这里"甚至"出现在作品名的最后。所以在"得到了最优美示范的副词"这个层面上，这个"没有任何意义"的副词"甚至"出现在了最恰当的位置。从语法层面分析，这个"逗号"以及"甚至"的组合缺乏明确的意义，但在杜尚看来，恰恰是"这种反意义让我很感兴趣"。杜尚对"反意义"的兴趣，与他对"反绘画""反逻辑"的兴趣一脉相承，与他在作品中暗藏的"反宗教""反传统"倾向更是紧密相连。由此反观现有的中文译法：《甚至被她的光棍汉们剥光了衣服的新娘》《新娘，甚至被光棍们剥光了衣服》《新娘甚至被她的光棍儿们扒光了衣裳》《甚至被单身汉们剥光衣服的新娘》，可以看出，中译者在处理这个标题时，对原文进行了逻辑梳理，把"甚至"改换为一个有效的语法成分加入了句法体系之中，使其变成了一个符合逻辑的、"有意义"的副词。这样一种改写，虽然表面上让整个标题的意思变得通顺、平滑，却恰恰遮蔽了杜尚原本刻意追求的"无意义"，实则是一种错误。

除此之外，卡尔文·汤姆金斯也给出过他的说法："注意'甚至'这个词，这个副词很狡猾，加它进去的目的是阻止人们去解读字面的意思，这个词也遭受了人们没完没了的分析。一种解释说它是法文'M'aime'的双关语，意思是'爱我'。也就是说，那位被一群不认识的光棍儿扒光了的新娘真正爱的人是杜尚。"[1]虽然这种说法有过度阐释的嫌疑，但这也向我们展示了一种可能性，更让我们意识到"même"作为一个独立语法成分蕴含的阐释空间。无论何种阐释，作品名中的"逗号"和"甚至"的组合都是不能分开的，而且必须放在作品名称的结尾处。所以，笔者认为，应该完全保留名称中的语序，将其译作"新娘被她的单身汉们扒光了，甚至"，才是真正符合杜尚原意的做法。

四、《九个雄性恶搞模具》

这件作品的法语原名为 *Neuf Moules Mâlic*，英文译作 *Nine Malic Moulds*，是杜尚于1914年至1915年间在玻璃上创作的作品，此后又被他融入了《新娘被她的单身汉们扒光了，甚至》(左下部分)。

它们是杜尚用细铅丝创造的九个男性形象，是整件《新娘被她的单身汉们扒光了，甚至》中的"单身汉们"，是

1　卡尔文·汤姆金斯：《杜尚》，兰梅译，武汉大学出版社，2019年9月第1版，第2页。

"情色"的表征，也是打开杜尚反艺术思想观念大门的钥匙，带有强烈的戏谑意味。就是这样一件非常重要、不可忽视的作品，在中国却遭到了严重的误译：《九个羟基烃模子》《九个苹果霉》《九个马利克膜子》《九个苹果模》《九个雄模》，等等。这些稀奇古怪的译名不但让人瞠目结舌、不知所措，它们彼此之间过于巨大的差异，更令人难以想象它们其实指代的是同一件作品。至于更进一步的解读，则近乎天方夜谭，只能让人知难而退、避而不谈。由名称误译所带来的对杜尚的不读、误读也接踵而至。

在原作标题中，最难理解的是法语"Mâlic"一词，这是杜尚创造的一个新词。"Mâlic"是杜尚用"mâle"（雄性、阳性）与"malice"（恶搞、胡闹、玩笑）这两个法语单词各取头尾拼接而成的。"mâle"（雄性）在表意上与"情色"直接相关，杜尚说过："色情是一个主题，甚至更像一种'主义'，是在《大玻璃》那段时间我的一切所作所为的基础。这使我不必回到现存的理论、美学或者其他东西上去。"正是这九个金属柱体将雄性、单身汉等意象紧密联系在一起，构成了"情色"的实质。而"malice"（恶搞）则引申出作品的"戏谑"意味，是杜尚创造文字游戏的目的。通过将两个词汇重组后再拼接，形成一个具有双关语含义的新词。杜尚说"我对这种游戏很满意"。因为文字的本意被曲解，正是这种如"恶搞"般的曲解带来了戏谑。所以

"mâlic"一词本身就是对这件作品意义的最佳表征，将其译作"雄性恶搞"便指明了这个新词中的两层含义。由于法语与英语的高度相似性，所以有许多词根都可以通用，含义也十分相近。当这个标题被译成英文"Nine Malic Moulds"时，英译其实是对法语标题——对应式的模仿。"Male"在英文中也指雄性，而"Malice"也有恶意、恶搞的含义，于是，"male"和"malice"便组合出了一个生造的英语新词"malic"，这种做法与杜尚的原意是完全对应的，于是英译后原文中的文字游戏未曾消失。

与之相比，汉译名称《九个羟基烃模子》《九个苹果霉》《九个苹果模》《九个雄模》《九个马利克膜子》则显得相当费解，多数与原意毫无关联。第一种错误是将标题译作《九个羟基烃模子》《九个苹果霉》《九个苹果模》，等等，仿佛某种化学著作的翻译结果。这些译本往往来自英文著作，译者把英语中的"malic"当成了一个英语字典中现成的词汇，亦即"苹果酸"或"羟基丁二酸"，而完全不知道"malic"其实是由另外两个单词拼写出来的。当汉语译者没有理解这里的文字游戏时，就出现了诸如"羟基烃""苹果霉"这样与原义毫无关联的化学专业名称。有些译者也许觉得这类译法过于古怪，于是把"苹果霉"中的"霉"删掉，改译成"九个苹果模"，这其实是在美化、调整本就错误的译法，并不能因此引向正确。读到此类汉译文章和书籍时，

"羟基""苹果霉""苹果"之类离题万里的意象成了主角，导致作品的含义变得让人捉摸不透，从而对理解杜尚作品的意义造成了阻碍。

第二种错误是将其译为《九个马利克膜子》，也就是把原文中最有难度、意味最丰富的"mâlic"一词直接进行音译处理。但是，"mâlic"的文字游戏含义并不是在发音层面，所以这样翻译的结果，便让杜尚精心设计的情色和戏谑消失殆尽，标题与作品间的关联也被切断了。

与上面两种误译相比，《九个雄模》可以说正确了一半，并漏掉了另一半。这可能使读者只关注作品中"情色"的一面，而忽略了杜尚那种戏谑、嘲讽的态度。综上所述，由于汉译问题，作品名称与作品的内涵遭到了切分。这样的误译使得观众与杜尚的见面变成了盲人摸象，甚至赋予杜尚一种莫须有的化学狂人色彩。由于语种的差异，原文中的文字游戏并未被之前的译者发现，结果译出了一些与杜尚原意毫无关联的名称，由此文字游戏被抹杀，情色氛围与戏谑腔调也荡然无存了。只有明白了作品名字中所包含的"雄性恶搞"含义，才能理解杜尚为何设计这些形如"阳具"的模具，才能理解为什么它们是单身汉，为什么这些单身汉的生存状态是如此荒诞。虽然我们难以像杜尚创造"Mâlic"一样，在中文中创造一个单独的词去直接对应，但我们至少能够在汉语中把这个双关语中的意涵清晰完整地交代给读者，最大限度地保留作品名称与作品意义之间的关联性。综上所述，笔者认为，将这个作品名称译为《九个雄性恶搞模具》，不失为一种可行的处理办法。无论如何，这件作品的汉译名称必须得到统一，以解译名繁乱之扰。

结语

行文至此，应该可以看到，由于杜尚作品名称的汉译问题而产生的误解和理解阻碍不可小觑。对杜尚作品名称的汉译规范化迫在眉睫。当然，具体涉及的汉译重心与处理办法不尽相同。《正在下楼梯的裸女》最关键的问题在于"正在"二字，唯有突出这个运动进行中的状态，才能真正理解杜尚的独创之处，才能在观众的大脑中完成运动的全过程。《L.H.O.O.Q.》则涉及杜尚的多重戏谑，"她屁股热"这个谐音游戏赋予了整件作品独特的表意维度，构建了与视觉上蒙娜丽莎的胡子平行的理解空间。虽然这在汉语中无法翻译，但却不妨碍我们以注解的方式将信息告知读者。《新娘被她的单身汉们扒光了，甚至》，对于这件杜尚花费了八年时间制作出来的复杂作品，理解其作品名称是进入这件作品的第一步。标题中不但包含了"新娘"与"她的单身汉们"之间颠覆性的权力关系，更有"逗号"加"甚至"这样反意义的语法表达。这其中都凝聚着杜尚的深意。这些语法成分在汉译过程中都不可修改，不可调换。我们不能为了中文语境的语序通顺，而强行加入一个不存在的逻辑，修改原作品名。最后，《九个雄性恶搞模具》则涉及杜尚精心设计的文字游戏"mâlic"，这个文字游戏包含了作品中的两大核心要素——情色与戏谑。对于这个杜尚创造的新词，我们虽然很难在中文翻译中直接对应，但不妨以"雄性恶搞"这样的解释性翻译作为一种处理办法，因为至少这点明了这个词所包含的双重意义。

就杜尚本人而言，"作为圣象破坏者，他破坏的最主要就是他自己"。他会刻意避免对自己的作品进行阐释，他说过："我不会对那些自己更看好的东西赋予太多的重要性。仅仅是一种个人见解而已。关于所有这些东西，我无意大声宣扬什么决定性的判断。"杜尚无意宣扬判断，不代表他没有判断，只是为了保留作品的一切可能性。"我没有阐释，因为我没有想法就把它做出来了……这是对一切'美学'（在这个词的通常意义上）的拒斥。不会再去弄一个什么新绘画宣言了。"杜尚所谓的"没有想法"是他一种反美学意图的表达。

需要注意的是，杜尚的反美学意图与他为作品命名时下的功夫并不矛盾，甚至这些作品的名称正是杜尚用来打破"视网膜霸权"的独特手段。而对于其作品究竟如何命名，杜尚着实进行过一番深思。如果我们想要理解研究杜尚，就必须尊重杜尚本人的意见把这些线索在汉译中传达出来。当然，就像他自己在多年以后所说："今天，没有人再拿这类讽刺意味的格言去寻开心，而且对此也不感兴趣了，它已成为历史的记忆，因为幽默的题材也在变化，所以这类讽刺的格言已失去了叛逆的特性。"[1] 也许，在当下的语境中，某些幽默题材的力量已经消退了，但对于我们这些研究者来说，它们曾经在某个具体的时空中生效过，我们就必须对此加以还原和重构。在本书翻译过程中，笔者对其中提及的每一件作品都进行了重新翻译，并对其中部分作品名称涉及的复杂语意问题进行了注释解读。不过，限于笔者自身的学识，并不敢在此盖棺定论，只能抛砖引玉，希望能引起更多专业人士的深入讨论。无论如何，杜尚作品名称的重要地位和作用，有必要引起学界的重视。唯有对杜尚作品译名混乱的翻译现状加以规范，才能让杜尚在中国离我们再近一些、再清晰一些，才能逐步消除杜尚在中文语境中的误读，化解他那难以把握的神秘形象。

厘清杜尚作品的译名，这绝不是一个简单的"翻译"问题，而是在中文语境中对杜尚进行有效阐释必不可少的前提。唯有在此基础上，才能避免各种望文生义的曲解，才能

---

[1] 朱迪特·伍泽著：《杜尚传》，袁俊生译，重庆大学出版社／楚尘文化，2010年11月，第246页。

建立真正有理有据而且有建设性的学术观点。对于中国学界来说，如果要与全世界的杜尚研究者真正进行对话，构建一个世界性的"杜尚研究共同体"，对杜尚作品名称的具体含义产生共识亦不可或缺。从表面上看，这似乎是一个非常基础性的工作，似乎只是一些单词的比对，细节的分析，缺少了一些高蹈和飘逸。但是，离开了这些实实在在的地基，一切高蹈和飘逸，不过是空中楼阁，梦幻泡影。

1 《布兰维尔的教堂》

2《棋局》
3《下棋者肖像》

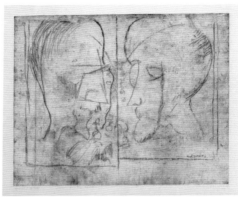

4《下棋者》（木炭）

5《下棋者》

6《奏鸣曲》

7《意中人》

9《正在下楼梯的裸女》（二号）

11《忧伤男青年在火车上》

12《国王和王后被一群裸女穿过》

13《国王和王后被一群裸女迅速穿过》

15《巧克力研磨机》

16《大玻璃》复制品

17《绿盒子》

19《药房》

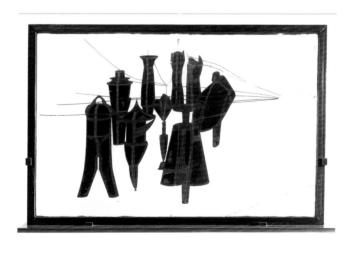

21《在断臂之前》

22《带着隐秘的噪音》

23《泉》

24 《用一只眼睛近距离观察一小时左右》

25《你让我》

26《马塞尔不幸的现成品》

27《巴黎的空气》

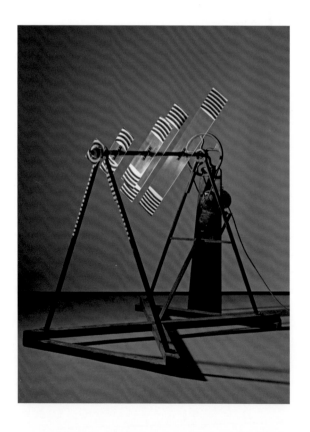

31《为什么不打喷嚏》

33《拉里街 11 号的门》

34《格拉迪瓦画廊的门》

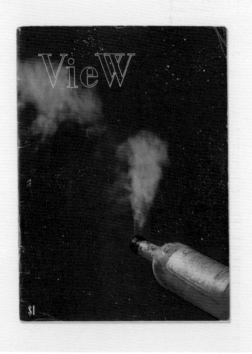